**Die Temperaturstufen
bei Gasherden**
variieren von Hersteller zu
Hersteller.
Welche Stufe Ihres Herdes
der jeweils angegebenen
Temperatur entspricht,
entnehmen Sie bitte der
Gebrauchsanweisung.

Ein leerer Bauch studiert nicht gern,

doch er läßt sich ja auch ohne großen Aufwand mit verlockenden Gerichten aus der eigenen Küche füllen. Schnelle Suppen, Nudel- und Gemüsegerichte, mit und ohne Fleisch, aus dem Topf oder als Auflauf, können auch in der kleinsten Studentenbude im Handumdrehen zubereitet werden. Ebenso unkompliziert und abwechslungsreich sind die Rezepte für ein ausgedehntes Abendessen in größerer Runde. Und wenn dann noch die köstlichen Desserts und Kuchen aufgetischt werden, bleibt die Mensa für längere Zeit geschlossen…

Die Farbfotos gestaltete Odette Teubner.

INHALT

Grundausstattung der Küche

Bestens ausgestattet und für alle im Buch aufgeführten Rezepte gewappnet sind Sie, wenn Sie neben den abgebildeten Küchengeräten noch folgendes Küchenwerkzeug besitzen:
1 großen Kochtopf zum Nudelkochen und für Eintopfgerichte, 1 kleinen Kochtopf für Saucen, 1 Bratpfanne, 1 Wasserkocher oder Wasserkessel.
Für Aufläufe 1 feuerfeste Form mit Deckel in mittlerer Größe, für Kuchen 1 kleine Kastenkuchen- und 1 kleine Springform.

Zur Grundausstattung Ihrer Küche sollten gehören:

1. *Plastik-Rührschüssel mit Deckel von 3 l Inhalt,*
2. *ein elektrisches Handrührgerät mit Quirlen, Knethaken und Pürierstab,*
3. *ein großes Sieb,*
4. *ein Schüttelbecher,*
5. *ein Universalhobel,*
6. *ein Meßbecher,*
7. *eine Zitronenpresse,*
8. *ein Backpinsel,*
9. *eine Suppenkelle,*
10. *ein Bratenwender,*
11. *verschiedene Rührlöffel,*
12. *ein Kartoffelstampfer,*
13. *ein Dosenöffner,*
14. *ein kleines Küchenmesser,*
15. *ein großes Küchenmesser,*
16. *eine Haushaltsschere,*
17. *verschiedene Sparschäler,*
18. *ein Schneebesen,*
19. *ein großes Schneidebrett,*
20. *ein Teigschaber*

Garmethoden

1. Kochen und Garziehen:
Gekocht, also bei 100° gegart, wird eigentlich relativ selten. Nur Pellkartoffeln, Hülsenfrüchte, Eier und Nudeln werden in siedender Flüssigkeit gegart. Meist gibt man die Zutaten zwar ins sprudelnd heiße Wasser, wodurch es schon etwas abkühlt, und schaltet gleichzeitig die Temperatur herunter. Bei einer Temperatur, die knapp unter 80° liegt, können so alle hitzeempfindlicheren Produkte garziehen, ohne an Geschmack zu verlieren oder zu zerfallen.

2. Dünsten:
Diese Garmethode ist überaus schonend. Es wird bei geschlossenem Topf mit viel Dampf und nur wenig Flüssigkeit gearbeitet, so daß die Zutaten, vor allem Gemüse, aber auch zarte Fleischscheiben, Geflügel, Fisch oder Früchte, im eigenen Saft garen. So bleiben die Nährstoffe mit Ausnahme der hitzeempfindlichen Vitamine erhalten. Um das Aroma, zum Beispiel des Gemüses, abzurunden, wird es zuerst mit einem Löffel Butter oder Öl angedünstet, bevor man Wasser, Wein oder Brühe dazugibt.

3. Schmoren:
Bei starker Hitze wird Fleisch oder Gemüse im offenen Topf gut angebraten, dann mit Brühe, Tomatenpüree, Wein oder einer anderen Flüssigkeit abgelöscht und anschließend zugedeckt bei schwacher Hitze gegart. Dabei geht ein Teil der Nährstoffe in die Sauce über. Wichtig ist, daß Sie den richtigen Topf zum Schmoren haben: Er sollte viel Hitze speichern können und der Deckel muß dicht schließen.

4. Braten:
Fleisch wird in sehr stark erhitztes Fett gegeben und von allen Seiten angebräunt. Dann schaltet man die Temperatur herunter und brät das Fleisch langsam fertig. Zum Braten sollte man möglichst eine robuste, schwere Pfanne benutzen und hocherhitzbares Fett, etwa neutrales Pflanzenöl, -fett oder Butterschmalz, nie jedoch Butter oder Margarine verwenden. Auch im Backofen kann gebraten werden, zum Beispiel Geflügel, Fleisch oder Fisch. Dabei bleiben die Nährstoffe durch die Krustenbildung erhalten.

5. Grillen:
Die Zutaten werden auf dem Rost oder einem Spieß entweder in einem Elektrogrill oder auf einem Holzkohlengrill gegart. Dabei bleiben die Nährstoffe erhalten und überschüssiges Fett läuft aus dem Grillgut heraus.

6. Backen:
Gerichte werden im Backofen durch die Ofenhitze gegart. Man kann so Plätzchen und Kuchen backen, aber auch viele Schmorgerichte oder knusprige Braten, Pizza, Zwiebelkuchen und andere pikante Blechkuchen, sowie Aufläufe und Gratins bereiten.

5

Grundzutaten und ihre Zubereitung

Nudeln

Ganz einfach zuzubereiten und ideal für die schnelle Küche sind Nudeln. Sie lassen sich wunderbar aufbewahren, da sie trocken gelagert etwa zwei Jahre halten. Bei der Aufbewahrung sollte man allerdings darauf achten, die Nudeln nicht mit anderen Lebensmitteln in Berührung zu bringen, denn sie nehmen sehr leicht fremde Gerüche an.

Es gibt die unterschiedlichsten Nudelsorten.

Die sogenannten »weißen« Nudeln werden überwiegend aus Hartweizen, mit nur einem geringen Anteil an Weichweizen hergestellt, sowie Wasser und Salz. Dem Nudelteig für Eierteigwaren müssen pro Kilogramm Weizengrieß mindestens drei Hühnereier von 45 Gramm zugegeben werden.

Vitamin-, mineralstoff- und ballastreicher sind Vollkornnudeln, die auch einen höheren Fett- und Eiweißanteil haben. Sie werden vor allem in Reformhäusern und Naturkostläden angeboten, sind mittlerweile aber auch in vielen Supermärkten in allen Formen, wie zum Beispiel als Spaghetti, Makkaroni, Band- und Suppennudeln, erhältlich.

Alle Nudelsorten werden in reichlich Salzwasser gegart. Als Faustregel gilt, daß man auf 100 g Nudeln etwa 1 l Wasser nimmt und die Nudeln hineingibt, wenn es sprudelnd kocht. Wie lange die Nudeln kochen müssen, steht auf der Packung. Am besten sind sie jedoch, wenn sie nach dem Garen noch einen leichten Biß haben, »al dente« sind. Am besten, Sie probieren gegen Ende der vorgeschriebenen Garminuten immer mal wieder eine Nudel.

Sie können die Nudeln mit geschmolzener Butter und geriebenem Parmesan servieren oder verschiedenen Saucen, die leicht gemacht sind:

Helle Grundsauce
Für 1/4 l:
20 g Margarine
20 g Mehl
1/4 l Flüssigkeit (z.B. Milch oder Wasser)
Salz, Muskatnuß, frisch gerieben

Für diese Sauce die Margarine in einem kleinen Topf zerlassen, das Mehl dazugeben und mit dem Schneebesen einrühren. Sobald die Mehlschwitze Blasen wirft, langsam unter ständigem Rühren mit der kalten Flüssigkeit auffüllen. Aufkochen lassen und dann bei mittlerer Hitze etwa 2 Minuten weiterkochen. Mit Salz und Muskat würzen. Wenn Sie noch 1–2 Ecken Sahneschmelzkäse darin auflösen, haben Sie eine köstliche Käsesauce.

Hackfleischsauce
Bologneser Art
Für 1/4 l:
1 mittelgroße Zwiebel
40 g Butter oder Margarine
200 g gemischtes Hackfleisch
1 kleine Dose Tomatenmark
1/4 l Rotwein oder Wasser
Salz
schwarzer Pfeffer, frisch gemahlen
getrockneter Oregano und Thymian

Zwiebel schälen, kleinwürfeln. Butter oder Margarine in einer Pfanne zerlassen, Zwiebel darin andünsten. Hackfleisch dazugeben und krümelig braten. Tomatenmark unterrühren, mit Rotwein oder Wasser aufgießen und alles etwa 15 Minuten bei mittlerer Hitze garen. Mit Salz, Pfeffer, Oregano und Thymian nach Geschmack würzen.

Reis

Ausgesprochen köstlich und gesund sind auch Gerichte mit Reis, der sich auf viele verschiedene Arten zubereiten läßt. Es gibt etwa 1000 Reissorten im Handel, die sich jedoch in drei Gruppen von Reis unterteilen lassen: den Langkornreis mit langen schmalen Körnern, der für Gerichte verwendet wird, in denen der

Reis körnig garen soll, den Rundkornreis mit größeren, rundlichen Körnern, der vor allem für Milchreis und Risotto verwendet wird, und schließlich den Mittelkornreis mit ovalen Körnern, der zwischen den beiden erstgenannten Gruppen anzusiedeln ist.

Bei uns wird viel weißer Reis verwendet, der poliert, das heißt von seiner Frucht- und Samenschale befreit und dessen nährstoffreicher Keim entfernt wird. Dadurch verliert der Reis an wichtigen Nährstoffen und Vitaminen, was bei einseitiger Ernährung mit weißem Reis zu Mangelerscheinungen führen kann. Vollwertiger ist Naturreis, der auch geschält, aber nicht poliert ist. Er enthält noch alle Ballast-, Mineralstoffe und Vitamine und hat einen höheren Fettgehalt. Daher ist er nicht so lange haltbar wie weißer Reis und sollte möglichst innerhalb von drei Monaten verbraucht werden.

Reis können Sie auf verschiedene Arten kochen:

1. In viel Flüssigkeit
Dazu in einem großen Topf Wasser zum Kochen bringen, für 250 g Reis etwa 3 l Wasser. Salzen, Reis in einem feinen Sieb waschen, ins Wasser geben und bei schwacher Hitze gar quellen lassen. Langkornreis ist in etwa 20 Minuten, Naturreis in etwa 35 Minuten gar. Danach Reis wieder ins Sieb schütten, nach Belieben kalt abschrecken. In einem Topf Fett auslassen,

Reis hineingeben, salzen und unter Wenden darin wieder erhitzen.

2. In wenig Flüssigkeit
Den Reis waschen. 1 Eßlöffel Öl in einem Topf erhitzen. Nach Belieben 1 kleine Zwiebel schälen, fein würfeln und im Öl andünsten. Den Reis dazugeben und mit Wasser oder Brühe aufgießen. Auf 1 Tasse Reis kommen dabei 3 Tassen Flüssigkeit. Salzen, alles einmal aufkochen und dann bei schwächster Hitze mit halbgeschlossenem Deckel Langkornreis in 20–25 Minuten, Naturreis in 30–35 Minuten gar quellen lassen. Dabei ab und zu umrühren. Am Ende der Garzeit ist die Flüssigkeit verdampft bzw. in den Reis gezogen, der weich und trocken ist. Nach Belieben noch 1 Stück Butter und etwas Salz untermengen.

3. Milchreis
Von 1 unbehandelten, gründlich gewaschenen Zitrone 1 Stück Schale abschälen. 200 g Milchreis waschen, abtropfen lassen und dann mit 1 l Milch, der Zitronenschale, 1 Prise Salz und 1 Teelöffel Zucker in einen Topf geben. Alles zugedeckt bei starker Hitze kurz aufkochen, dann bei halbgeschlossenem Deckel und schwacher Hitze in etwa 20 Minuten gar quellen lassen. Dabei gelegentlich einmal umrühren, damit der Reis nicht anbrennt. Milchreis mit Zimt und Zucker oder mit Früchten servieren.

Kartoffeln

Biologisch hochwertiges Pflanzeneiweiß wird dem Körper durch Gerichte mit Kartoffeln geliefert. In Verbindung mit Quark, Käse oder Ei ist die Mahlzeit dann so wertvoll wie ein Essen mit Fleisch. Der hohe Gehalt der Kartoffel an Vitamin C stärkt die Immunabwehr des Körpers, und mit nur zwei Kartoffeln kann man seinen täglichen Kaliumbedarf decken.

Bei uns werden viele verschiedene Kartoffelsorten angebaut, die jedoch nach drei »Kochtypen« unterschieden und verwendet werden:

1. Festkochende Kartoffeln:
Sie enthalten viel Wasser und wenig Stärke und werden für Salate verwendet, da man sie gut in Scheiben schneiden kann. Man nimmt sie auch für Pell- und Bratkartoffeln, Rösti-Gratins und Eintöpfe.

2. Vorwiegend festkochende Kartoffeln:
Eignen sich für Bratkartoffeln und Pommes frites, da die Scheiben oder Stifte nicht so leicht brechen und ziemlich

trocken sind. Man verwendet sie auch für Kartoffelpuffer, Suppen und Eintöpfe.

3. Mehligkochende Kartoffeln:

Dieser Typ ist sehr stärkereich und damit ideal für Kartoffelpüree, Klöße, aber auch Suppen und Eintöpfe.

Kartoffeln sollten möglichst luftig, also niemals in Folienbeuteln, und kühl, jedoch nicht unter 2°, gelagert werden, da sich sonst die Stärke in der Kartoffel in Zucker umwandelt und sie dann nicht mehr verwendet werden kann. In zu warmer und trockener Umgebung beginnt die Kartoffel zu keimen. Diese Keimstellen enthalten das natürliche Gift Solanin, das auch beim Kochen nicht zerstört wird. Vor dem Garen müssen die Keime ausgestochen und die ebenfalls solaninhaltigen, grünen Stellen großzügig abgeschnitten werden.

Salate

Erntefrische und ausgereifte Blattsalate liefern zahlreiche Nährstoffe, Vitamine und enthalten wichtige Spurenelemente. Die Salatzutaten sollten Sie immer am Tag des Einkaufs verwenden. Ist das einmal nicht möglich, waschen und putzen Sie die Salatpflanzen und schlagen sie unzerkleinert in ein feuchtes Tuch ein. Im Gemüsefach Ihres Kühlschranks können Sie den Salat so kurze Zeit aufbewahren.

Eine Salatsauce, die zu allen frischen Salaten, wie Blatt-, Eisberg-, Batavia-, Eichblatt-, Endivien-, Frisee-, Radicchiosalat und Lollo rosso paßt, ist schnell gemacht:
Man vermischt 2 Eßlöffel Öl, Sonnenblumen-, Weizenkeim-, Distel-, Soja-, Kürbiskern-, Walnuß- oder Olivenöl mit 1 Eßlöffel Essig, Weißwein-, Apfel- oder Sherryessig oder 1 Teelöffel Zitronensaft und schmeckt das Ganze mit Salz, frisch gemahlenem Pfeffer, Zucker und 1 Messerspitze mittelscharfem bis scharfem Senf ab. Dann gibt man eine kleine feingewürfelte Zwiebel und 1 Eßlöffel frische, kleingehackte Kräuter, Petersilie, Schnittlauch, Dill, Basilikum, Thymian oder Kerbel, dazu. Wer mag, fügt noch 2 Eßlöffel Sahne, Milch, Dickmilch oder Joghurt hinzu.

Gelatine und Agar-Agar

Unverzichtbar für Gelee- und Cremespeisen ist Gelatine. Im Handel bekommt man sie in Blatt- oder Pulverform. Da Gelatine erst beim Erkalten völlig erstarrt, müssen die damit zubereiteten Speisen frühzeitig hergestellt werden. Um 1/2 l Flüssigkeit zu gelieren, brauchen Sie etwa 6 – 8 Blatt Gelatine oder 1 Tütchen Pulvergelatine. Weichen Sie die Blätter mit kaltem Wasser bedeckt etwa 4 Minuten ein. Danach drücken Sie die eingeweichten Blätter mit der Hand etwas aus und geben sie direkt in die warme Spei-

se, in der sie sich auflösen. Die Pulvergelatine wird nur mit wenig Wasser angerührt. Wenn Sie eine kalte Speise gelieren wollen, geben Sie die eingeweichten Blätter in einen kleinen Topf und lösen sie bei schwächster Hitze langsam auf. Gelatine darf nie kochen, da sie sonst an Gelierkraft verliert. Aufgelöste Gelatine mit dem Schneebesen unter Rühren langsam in die Cremespeise geben. Ein rein pflanzliches Geliermittel ist Agar-Agar. Es wird mit etwas Flüssigkeit angerührt und dann unter die Speise ge-mischt. Mit 1 Teelöffel Agar-Agar können Sie 1/2 l Flüssigkeit gelieren.

Frühstücksvorschläge

Das Frühstück sollte möglichst eiweiß-, mineralstoff- und vitaminreich sein. Ein übliches Standardfrühstück, bestehend aus Kaffee mit Milch und Zucker, Weißbrot oder hellen Brötchen mit Butter, Marmelade oder Honig, ist das nicht. Es liefert fast ausschließlich Kohlenhydrate und Fett. Ausgewogener wäre ein Frühstück mit Quark, Joghurt, Käse, Milch, Eiern, Obst und magerer Wurst, die alle wichtigen Nährstoffe enthalten. Ein guter Start in den Tag könnte auch mit einem Müsli beginnen. Es ist zum einen so sättigend, daß bis zum Mittag kein Hungergefühl entsteht, und zum anderen läßt es sich schnell zubereiten. Da die meisten fertigen Müslimischungen viel Zucker enthalten, sollte man sich sein Müsli selbst und ganz nach den eigenen Wünschen zusammenstellen.

Für ein Müsli auf Vorrat, das Sie am besten in einen großen Kunststoffbehälter mit Deckel oder in ein großes Schraubglas füllen, könnten Sie zum Beispiel folgende Zutaten verwenden, die im Reformhaus, aber auch in vielen Supermärkten angeboten werden: Haferflocken, gemahlene Nüsse, ungeschwefelte Rosinen, Weizenkleie und Leinsamen.

Zum Frühstück schneiden Sie Früchte, je nach Jahreszeit 1 Apfel, 1 Kiwi, 1 Banane oder 1 Apfelsine, klein, geben sie auf einen tiefen Teller oder in einen kleine Schüssel, füllen 3 – 5 Eßlöffel der Müslimischung obenauf und verrühren alles mit Joghurt oder Milch nach Belieben. Wenn Sie es süßer mögen, probieren Sie diese Mischung mit Ahornsirup oder Honig.

Für eine weitere köstliche Müslivariante werden am Vorabend 2 Eßlöffel Sechs-Korn-Mischung (aus dem Reformhaus) grob gemahlen (oder schon im Reformhaus grob mahlen lassen). Dann gibt man 4 Eßlöffel Wasser darüber und läßt die Mischung über Nacht einweichen. Zum Frühstück wird dieser »Frischkornbrei« ebenfalls mit frischen Früchten, Joghurt oder Milch vermischt.

Zwiebelschneiden

Die ätherischen Öle der Zwiebel steigen beim Zwiebelschneiden hoch, so daß die Augen zu tränen beginnen. Hält man die Zwiebel nach dem Schälen kurz unter kaltes Wasser, verflüchtigen sich diese Öle nur langsam. Benutzt man zum Schneiden noch ein scharfes Messer, geht es rasch, und es fließen kaum Tränen.

1. Für Zwiebelwürfel die Zwiebel schälen, kurz unter kaltes Wasser halten und die Zwiebel auf einem Schneidebrett mit einem scharfen Messer längs halbieren.

2. Mit einer Hand eine Zwiebelhälfte am Wurzelende fest-

halten und mehrmals waagerecht bis kurz vor das Wurzelende einschneiden, aber nicht auseinandertrennen.

3. Die Zwiebelhälfte nun mehrmals in Längsrichtung senkrecht, wiederum bis kurz vor das Wurzelende, einschneiden.

4. Anschließend wiederum senkrecht, aber nun quer schneiden, als würde man die Zwiebelhälfte in Scheiben teilen. Die Zwiebelhälfte zerfällt in Zwiebelwürfel. Die andere Hälfte genauso schneiden.

Zucchinisuppe

Zutaten für 3–4 Personen:
1 große oder 3 mittelgroße
Zucchini (etwa 500 g)
50 g Kräuterbutter (Fertigprodukt)
1/8 l Gemüsebrühe (Instant) oder
Wasser
1 Doppelpackung Kräuterrahmkäse
(200 g)
Salz
weißer Pfeffer, frisch gemahlen
Zitronensaft
Muskatnuß, frisch gerieben
1/2 Teel. Streuwürze
200 g Sahne oder Crème fraîche

Schnell

Bei 4 Personen pro Portion
etwa:
1800 kJ/430 kcal
8 g Eiweiß · 41 g Fett
4 g Kohlenhydrate

• Zubereitungszeit: 25 Minuten

1. Zucchini waschen, aber
nicht schälen. Stiel und Blüten-
ansätze entfernen, Zucchini in
etwa 2 cm große Würfel
schneiden.

2. In einem Topf die Kräuterbutter zerlassen, die Zucchini
darin andünsten. Dann mit
1/8 l Gemüsebrühe oder Wasser auffüllen und zugedeckt
bei schwacher Hitze etwa
10 Minuten garen.

3. Danach die Zucchini mit
dem Pürierstab des Handrührgerätes im Topf pürieren
(oder durch ein Haarsieb
passieren). Anschließend den

Käse zum Zucchinipüree geben und dann bei schwacher
Hitze langsam schmelzen lassen. Die Zucchinisuppe mit
Salz, Pfeffer, Zitronensaft,
Muskat und Streuwürze würzen und zuletzt die Sahne
oder Crème fraîche dazugeben. Nochmals abschmecken
und sofort servieren.

Schnelle Linsensuppe

Zutaten für 2 Personen:
250 g mehligkochende Kartoffeln
2 Rauchenden (weiche, geräucherte Mettwürste)
1 Dose Linsen mit Suppengrün
(425 g)
1 Teel. Fleischbrühe-Pulver (Instant)
2 Eßl. Essig
1 Teel. Zucker
Salz
1 Bund Schnittlauch

Deftig • Aus dem Vorrat

Pro Portion etwa:
3500 kJ/830 kcal
36 g Eiweiß · 46 g Fett
67 g Kohlenhydrate

• Zubereitungszeit: 20 Minuten

1. Kartoffeln am besten mit
einem Sparschäler schälen
und anschließend mit einem
Küchenmesser in Scheiben
schneiden. Die Scheiben
dann in Streifen und schließlich in Würfel schneiden.
Die Rauchenden waschen,
trockentupfen und danach mit
einem scharfen Messer in

etwa 2 cm dicke Scheiben
schneiden.

2. Die Linsen mit Kartoffeln,
Rauchenden, Brühepulver,
Essig, Zucker und etwas Salz
in einen größeren Topf
geben. Dann alles bei starker
Hitze zum Kochen bringen
und anschließend bei schwacher Hitze 10–15 Minuten
garen.

3. Inzwischen Schnittlauch
abspülen, trockenschütteln,
mit einem Messer oder einer
Küchenschere in Röllchen
schneiden. Schnittlauchröllchen über den fertiggegarten
Linseneintopf streuen und
sofort servieren.

Tip!

Zum absoluten Blitzgericht
wird diese Linsensuppe,
wenn Sie sie in einem
Schnellkochtopf zuberei-
ten. Sie ist dann in 3 Minuten fertiggegart.

Im Bild vorne:
Schnelle Linsensuppe
Im Bild hinten: Zucchinisuppe

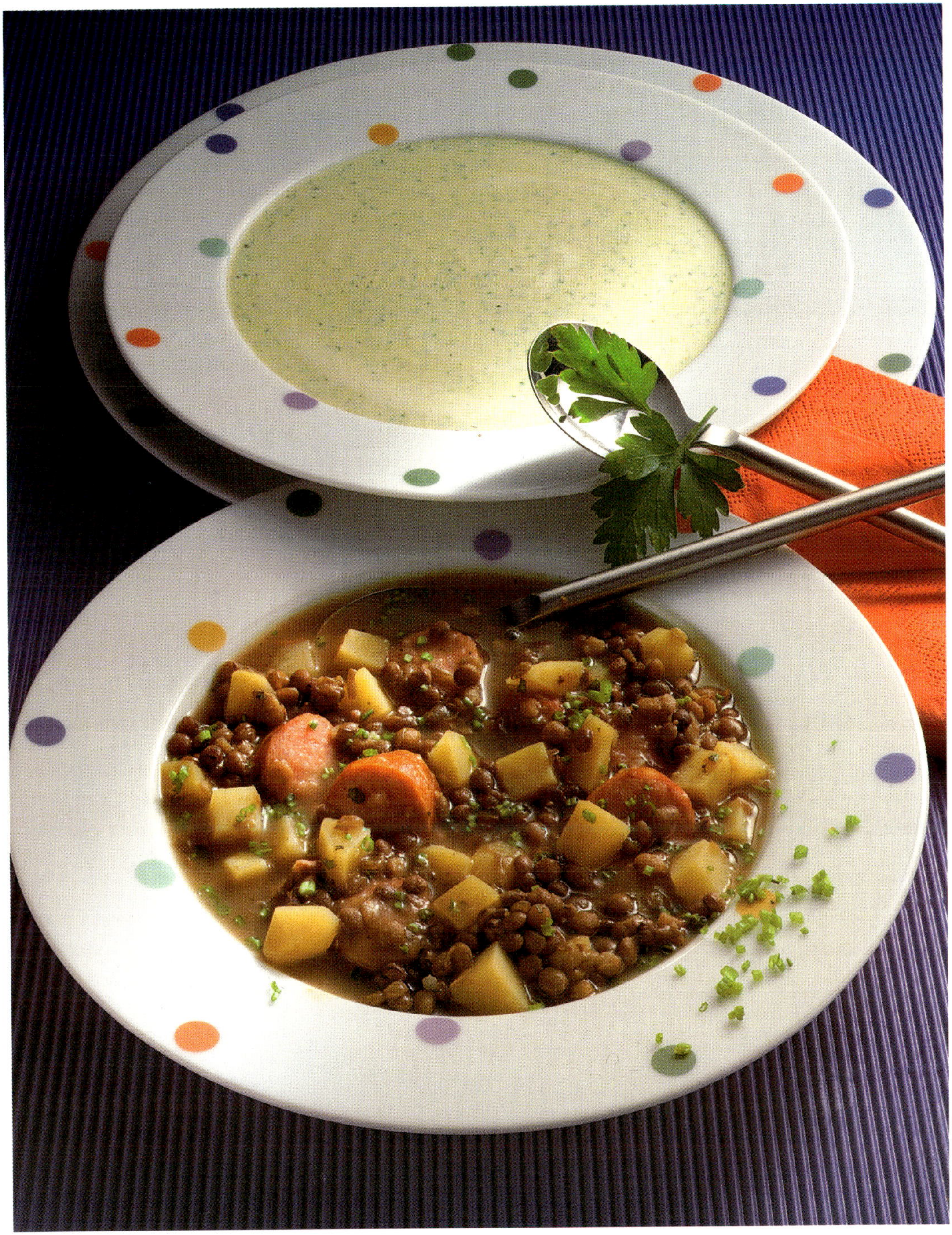

Broccolisuppe

Zutaten für 4 Personen:

2 Eßl. Mandelstifte

500 g Broccoli · 2 Zwiebeln

1/2 l Fleischbrühe (Instant)

1/2 Bund Petersilie

2 Eßl. neutrales Pflanzenöl

1 Prise Curry

1 Prise Muskatnuß, frisch gerieben

1 Prise Zucker · Salz

weißer Pfeffer, frisch gemahlen

2 Eßl. Crème fraîche

Gelingt leicht

Pro Portion etwa:
590 kJ/140 kcal
6 g Eiweiß · 10 g Fett
8 g Kohlenhydrate

• Zubereitungszeit: 20 Minuten

1. Mandelstifte ohne Fett in eine kleine Pfanne geben und darin bei mittlerer Hitze etwa 2 Minuten rösten. Dabei die Mandelstifte hin und her bewegen, bis sie etwas Farbe bekommen. Anschließend in der Pfanne beiseite stellen. Da die Mandelstifte in der heißen Pfanne noch nachbräunen, sollten Sie sie nicht zu braun werden lassen.

2. Broccoli in Röschen schneiden, von den Stielen die harten Teile entfernen, Röschen und Stiele waschen und in einem Sieb abtropfen lassen.

3. Zwiebeln schälen, abspülen und auf einem Brett in kleine Würfel schneiden. Brühe erhitzen. Petersilie waschen,

trockenschütteln, Blättchen abzupfen und mit einem Wiegemesser oder großen Messer fein hacken.

4. In einem Topf das Öl erhitzen, die Zwiebeln darin andünsten, den Broccoli dazugeben und mit andünsten. Anschließend die heiße Brühe dazugießen, mit Curry, Muskat, Zucker, Salz und Pfeffer würzen und alles zugedeckt etwa 15 Minuten garen lassen. Danach die Suppe mit dem Pürierstab des Handrührgerätes im Topf pürieren oder durch ein feines Sieb passieren. Die Crème fraîche und die gerösteten Mandelstifte unterziehen. Die Broccolisuppe mit der Petersilie bestreuen und mit knusprigem Baguette servieren.

Soljanka

Zutaten für 2 Personen:

1 Zwiebel · 1 Knoblauchzehe

100 g Fleischwurst oder harte

Mettwurst · 1 Essiggurke

1 kleine Dose geschälte Tomaten

(Abtropfgewicht 240 g)

1/2 Bund Dill

1 Eßl. Butter oder Margarine

Salz · schwarzer Pfeffer, frisch

gemahlen

150 g saure Sahne

Spezialität aus Rußland

Pro Portion etwa:
1400 kJ/330 kcal
10 g Eiweiß · 28 g Fett
28 g Kohlenhydrate

• Zubereitungszeit: 15 Minuten
• Garzeit: 20 Minuten

1. Zwiebel schälen, abspülen und würfeln, Knoblauch häuten und ganz kleinschneiden. Wurst pellen und wie die Essiggurke würfeln. Die Tomaten in ein Sieb geben, abtropfen lassen, dabei den Saft auffangen. Tomaten zerkleinern. Dill waschen, trockenschütteln, Blättchen vom Stiel zupfen und kleinhacken.

2. In einem Topf das Fett erhitzen, Zwiebeln und Knoblauch hineingeben, andünsten. Die Fleisch- oder Mettwurst hinzufügen und kurz andünsten. Die Tomaten mit dem Saft und die Essiggurke dazugeben. Alles bei schwächster Hitze etwa 20 Minuten köcheln lassen. Vor dem Servieren mit Salz und Pfeffer würzen, mit der sauren Sahne vermischen und dem kleingehackten Dill bestreuen.

Tip!

Die Soljanka ist auch ein ausgezeichnetes Gäste-essen. Sie brauchen die Zutaten je nach Anzahl der Personen nur verdoppeln, verdreifachen…

Im Bild vorne: Soljanka
Im Bild hinten: Broccolisuppe

Nudeln mit Tomatensauce

Zutaten für 2 Personen:
Salz · 375 g Nudeln
Für die Sauce:
40 g Fett
1 große Dose Tomatenmark (140 g)
20 g Mehl
schwarzer Pfeffer, frisch gemahlen
Zucker
frischer oder getrockneter Oregano
und Thymian

Preiswert

Pro Portion
etwa:
3800 kJ/900 kcal
27 g Eiweiß · 22 g Fett
150 g Kohlenhydrate

• Zubereitungszeit: 15 Minuten

1. In einem großen Kochtopf etwa 3 l Wasser mit 1 Teelöffel Salz zum Kochen bringen. Nudeln unter Rühren einstreuen und 8–12 Minuten, je nach Nudelsorte, offen bei mittlerer Hitze leicht kochen lassen.

2. Inzwischen für die Sauce das Fett in einem kleinen Topf erhitzen. Tomatenmark und Mehl hineingeben und unter ständigem Rühren bei mittlerer Hitze anschwitzen.

3. Dann langsam mit 1/4 l kaltem Wasser auffüllen, dabei weiter ständig rühren, damit keine Klümpchen entstehen. Mit je 1 großen Prise Salz, Pfeffer, Zucker, Orega-no und Thymian würzen. Die Sauce noch einmal kurz aufkochen lassen, sie soll schön cremig werden.

4. Das Wasser von den Nudeln abgießen, Nudeln heiß überbrausen, abtropfen lassen und etwas nachsalzen. Tomatensauce zu den Nudeln servieren.

Tip!

Wer die Nudeln ohne Sauce genießen möchte, sollte sie nach dem Abtropfen in etwa 30 g heißer Butter schwenken oder in der Pfanne rösten. Dabei ebenfalls etwas nachsalzen.

Hack-Lauch-Nudeln-Gabel-eintopf

Wird Ihr Lieblingsgericht werden!

Zutaten für 3 Personen:
2 Stangen Lauch (etwa 500 g)
1 l Fleischbrühe (Instant)
3 Eßl. neutrales Pflanzenöl
250 g gemischtes Hackfleisch
250 g Nudeln (Spiralen)
1 große Dose Tomatenmark (140 g)
1/2 Teel. Salz
1/2 Teel. Paprikapulver, edelsüß

Schnell

Pro Portion etwa:
2700 kJ/640 kcal
32 g Eiweiß · 28 g Fett
68 g Kohlenhydrate

• Zubereitungszeit: 25 Minuten

1. Von den Lauchstangen die welken Blätter abziehen. Dunkelgrüne Teile und Wurzel abschneiden. Nur das Helle und Mittelgrüne vom Lauch verwenden. Lauchstangen längs aufschneiden, gründlich waschen und in etwa 2 cm dicke Ringe schneiden. Brühe erhitzen.

2. Öl in einem großen Topf erhitzen und das ganze Hackfleisch auf einmal hineingeben. Unter Rühren bei mittlerer Hitze krümelig anbraten.

3. Auf das Fleisch die ungekochten Nudeln, den Lauch, das Tomatenmark, das Salz und das Paprikapulver geben. Die Brühe darübergeben, alles umrühren und zugedeckt bei starker Hitze zum Kochen bringen. Die Temperatur zurückschalten und den Gabeleintopf bei schwacher Hitze etwa 20 Minuten garen.

Im Bild vorne:
Hack-Lauch-Nudeln-Gabeleintopf
Im Bild hinten:
Nudeln mit Tomatensauce

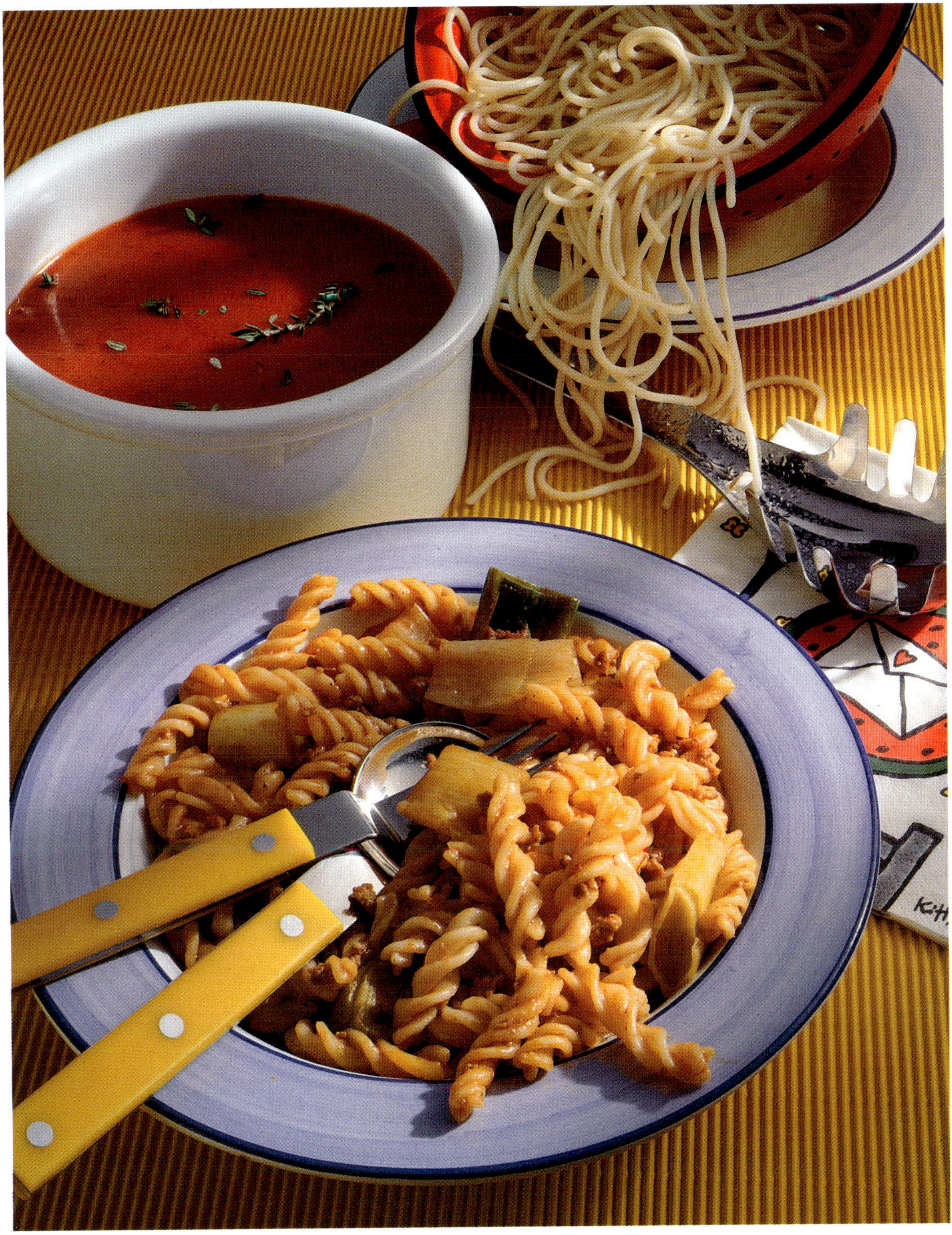

Vollkorn-spaghetti

Eine köstliche und schnell gemachte Nudelvariation.

Zutaten für 2 Personen:
Salz
250 g Vollkornspaghetti
60 g durchwachsener Speck (ohne Schwarte)
1 Zwiebel
1 Teel. Butter
1 frisches Ei
3 Eßl. Sahne
50 g Emmentaler oder Parmesan, frisch gerieben
schwarzer Pfeffer, frisch gemahlen

Deftig

Pro Portion etwa:
3500 kJ/830 kcal
33 g Eiweiß · 42 g Fett
83 g Kohlenhydrate

• Zubereitungszeit: 15 Minuten

1. In einem großen Topf 3 l Wasser mit 1 Teelöffel Salz zum Kochen bringen. Die Vollkornspaghetti hineingeben und offen etwa 12 Minuten bei mittlerer Hitze kochen lassen.

2. In der Zwischenzeit den Speck erst in Scheiben, dann in Streifen und anschließend in Würfel schneiden. Die Zwiebel schälen, abspülen und würfeln. Die Butter in einem zweiten Topf erhitzen. Den Speck und die Zwiebeln hineingeben und bei mittlerer Hitze braten, bis beides Farbe annimmt.

3. Spaghetti in ein Sieb geben, heiß überbrausen und abtropfen lassen. In einer großen Schüssel das Ei und die Sahne verrühren. Spaghetti, Speck und Zwiebel dazugeben. Käse, Salz und Pfeffer darüberstreuen, alles gut durchmischen.
Zu den Vollkornspaghetti schmeckt ein frischer grüner Salat, Endivien- oder Feldsalat.

Expreß-Gulasch

Zutaten für 2 Personen:
3 Zwiebeln
1 Dose Rindfleisch (300 g) oder
300 g gemischtes Hackfleisch
1 Tomate
1 kleine Gewürzgurke
1 Eßl. Butter oder Margarine
1 kleine Dose Tomatenmark (40 g)
1/4 l Fleischbrühe (Instant)
1 Teel. Mehl
3 Eßl. Dosenmilch

Gelingt leicht

Pro Portion etwa:
2200 kJ/520 kcal
34 g Eiweiß · 38 g Fett
15 g Kohlenhydrate

• Zubereitungszeit: 15 Minuten

1. Zwiebeln schälen, abspülen, in Scheiben schneiden. Rindfleisch aus der Dose nehmen und in Würfel schneiden. Tomate waschen, achteln, dabei den Stielansatz entfer-

nen. Gurke in kleine Würfel schneiden.

2. In einem kleinen Topf das Fett erhitzen, Zwiebelscheiben hineingeben und darin bei mittlerer Hitze anbräunen, Tomatenmark hinzufügen, kurz anschmoren. Dann die Brühe dazugeben und alles bei starker Hitze etwa 5 Minuten kochen lassen.

3. Rindfleischwürfel zusammen mit den Tomatenachteln, und Gurkenwürfeln in den Topf geben, alles bei starker Hitze einmal kurz aufkochen.

4. Mehl mit der Dosenmilch verquirlen, unter die Sauce rühren und die Sauce damit binden.
Das Expreß-Gulasch paßt gut zu Nudeln, Reis oder Kartoffeln und Salat.

Tip!

Wenn Sie Hackfleisch verwenden, braten Sie es zusammen mit den Zwiebeln an.

Im Bild vorne: Vollkornspaghetti
Im Bild hinten: Expreß-Gulasch

Garteneintopf mit Rauchenden

Die Rauchenden zusammen mit dem Gemüse schmecken unvergleichlich gut.

Zutaten für 3 Personen:

500 g Möhren

500 g festkochende Kartoffeln

500 g Gemüsezwiebeln

3 Rauchenden (weiche, geräucherte Mettwürste)

1 Eßl. Margarine

Salz

1 Teel. Fleischbrühe-Pulver (Instant)

1 Bund Petersilie

Deftig

Pro Portion etwa:
3000 kJ/710kcal
20 g Eiweiß · 50 g Fett
44 g Kohlenhydrate

• Zubereitungszeit: 40 Minuten

1. Möhren und Kartoffeln mit dem Sparschäler schälen, waschen und in Scheiben schneiden. Dabei die großen Kartoffeln erst halbieren. Zwiebeln schälen, abspülen halbieren und ebenfalls in Scheiben schneiden.

2. Die Rauchenden abspülen, mit einem Küchentuch trockentupfen und die Rauchenden in etwa 2 cm breite Stückchen schneiden.

3. In einem großen Topf das Fett zerlassen, die Rauchenden hineingeben und bei starker Hitze im heißen Fett bräunen. Das ganze Gemüse dazugeben, kurz mitdünsten. Salz, Brühepulver und 150 ml Wasser darübergeben, alles gut umrühren und bei starker Hitze zum Kochen bringen. Zugedeckt alles bei schwacher Hitze etwa 20 Minuten garen.

4. In der Zwischenzeit die Petersilie waschen, trockenschütteln, die Blättchen abzupfen und fein hacken. Den Eintopf vor dem Servieren mit der feingehackten Petersilie bestreuen.

30-Minuten-Gabeleintopf

Durch seine aufgelockerte Fleischstruktur kann Hackfleisch leicht verderben. Deshalb sollten Sie es so frisch wie möglich verbrauchen.

Zutaten für 2 Personen:

250 g Möhren

1 Stange Lauch

1 gelbe Paprikaschote

150 g Langkornreis

3/4 l Fleischbrühe (Instant)

2 Eßl. neutrales Pflanzenöl

200 g gemischtes Hackfleisch

Salz

schwarzer Pfeffer, frisch gemahlen

1/2 Teel. Paprikapulver, edelsüß

Gelingt leicht

Pro Portion etwa:
2500 kJ/600 kcal
30 g Eiweiß · 23 g Fett
67 g Kohlenhydrate

• Zubereitungszeit: 30 Minuten

1. Möhren mit dem Sparschäler schälen, dann waschen und anschließend in Scheiben schneiden. Lauch putzen, längs aufschneiden, waschen, in feine Ringe schneiden, nochmals gut waschen und in einem Sieb abtropfen lassen. Paprika vierteln, Stielansatz, Trennwände und Kerne entfernen. Die Paprika waschen und in Streifen schneiden. Reis waschen und abtropfen lassen. Brühe erhitzen.

2. Öl in einem Topf erhitzen, Hackfleisch hineingeben und bei starker Hitze krümelig anbraten. Den Reis dazugeben und kurz mit anrösten. Dann das zerkleinerte Gemüse hinzufügen und ebenfalls kurz mitdünsten. Alles mit Salz, Pfeffer sowie Paprikapulver würzen und mit der heißen Brühe auffüllen.

3. Den Eintopf kurz aufkochen lassen und anschließend zugedeckt etwa 20 Minuten bei schwacher Hitze garen. Dabei gelegentlich umrühren. Dazu paßt Blattsalat.

Im Bild vorne:
30-Minuten-Gabeleintopf
Im Bild hinten:
Garteneintopf mit Rauchenden

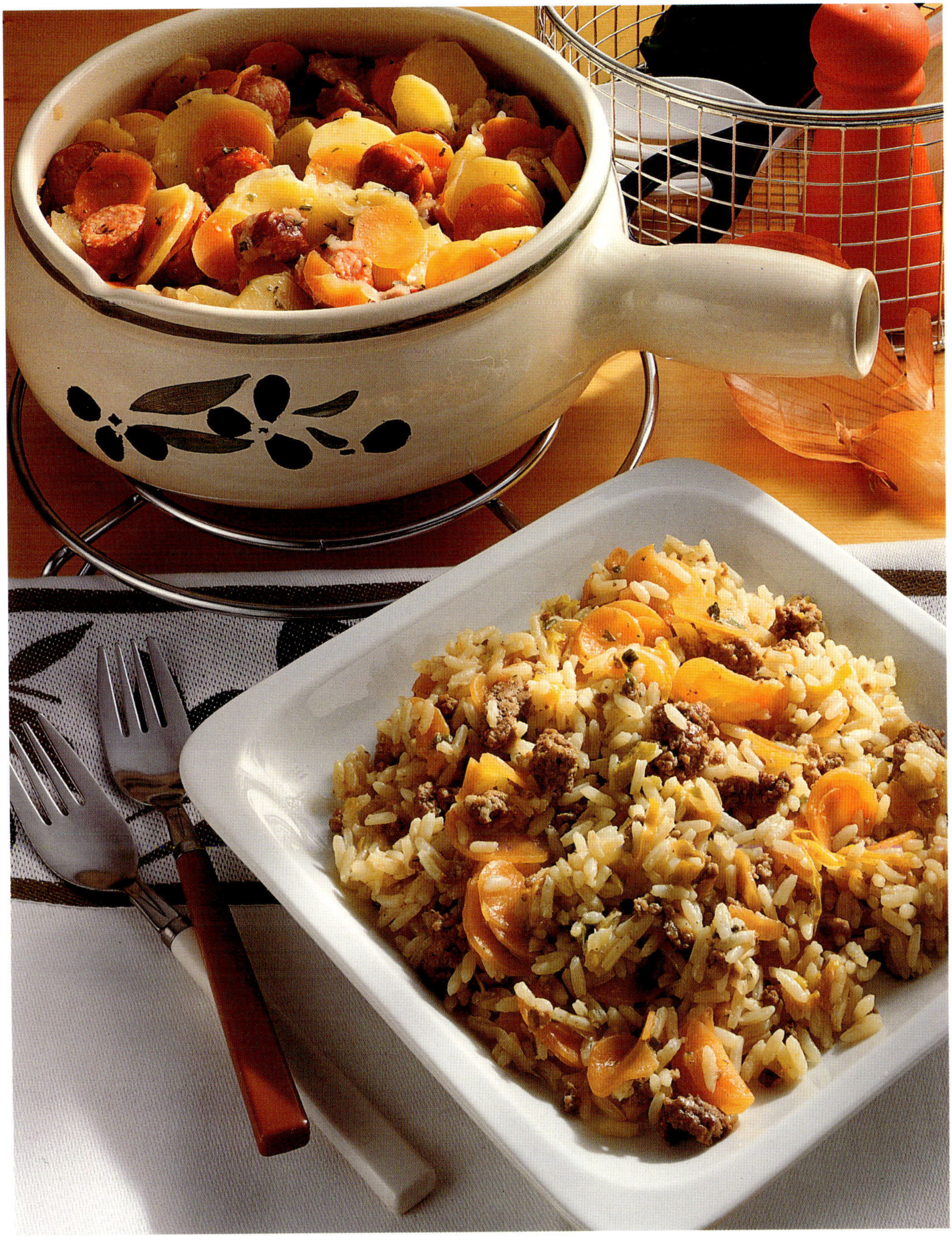

Bunter Reistopf

Zutaten für 2 Personen:

3/4 l Fleischbrühe (Instant)

125 g Langkornreis

20 g Butter oder Margarine

1 Paket tiefgekühlte Erbsen und Möhren (450 g)

Salz

70 g gekochter Schinken

Schnell

Pro Portion etwa:
2900 kJ/690 kcal
39 g Eiweiß · 16 g Fett
98 g Kohlenhydrate

• Zubereitungszeit: 25 Minuten

1. Brühe erhitzen. Reis in einem Sieb waschen, gut abtropfen lassen. Fett in einem größeren Topf zerlassen, Reis hineingeben und darin bei starker Hitze glasig andünsten. Dann das Tiefkühlgemüse unaufgetaut direkt in den Topf geben.

2. Anschließend die heiße Brühe auf das Gemüse geben, salzen und etwa 20 Minuten zugedeckt bei schwacher Hitze garen.

3. Inzwischen den gekochten Schinken in kleine Würfel schneiden und ein paar Minuten vor Ende der Garzeit im Topf miterhitzen.
Zum bunten Reistopf paßt Salat.

Tomaten-Bohnentopf

Zutaten für 4 Personen:

500 g frische grüne Bohnen

500 g Tomaten

500 g Gemüsezwiebeln

etwa 750 g Schweinenacken (oder Lammfleisch)

Salz

weißer Pfeffer, frisch gemahlen

2 Eßl. Margarine oder Butterschmalz

1 Bund Petersilie

1 Eßl. Mehl nach Belieben

Braucht etwas Zeit

Pro Portion etwa:
2600 kJ/620 kcal
40 g Eiweiß · 41 g Fett
21 g Kohlenhydrate

• Zubereitungszeit: 20 Minuten
• Garzeit: 1 Stunde

1. Von den Bohnen die Fäden abziehen, Bohnenenden knapp abschneiden. Bohnen waschen, in einem Sieb abtropfen lassen und auf einem Brett in etwa 5 cm lange Stückchen schneiden. Tomaten in eine Rührschüssel geben, mit heißem Wasser überbrühen, häuten, Stielansätze entfernen, Tomaten in Scheiben schneiden. Zwiebeln schälen, abspülen, halbieren, ebenfalls in Scheiben schneiden. Das Fleisch abspülen, trockentupfen und mit Salz und Pfeffer einreiben.

2. In einem großen Topf Fett erhitzen. Das Fleisch darin

von allen Seiten bei starker Hitze kräftig anbraten. Dabei schließen sich sofort die Fleischporen, und das Fleisch bleibt innen schön saftig.

3. Zuerst die Zwiebeln, dann die Bohnen und zuletzt die Tomatenscheiben auf das Fleisch schichten. Zwischen die einzelnen Schichten jeweils etwas Salz und Pfeffer streuen. Anschließend über alles 1 Tasse Wasser geben und zugedeckt bei schwacher Hitze etwa 1 Stunde schmoren lassen. Da das Gemüse viel Wasser zieht, kann nichts anbrennen. Inzwischen die Petersilie waschen, trockenschütteln. Blättchen abzupfen, fein hacken und zur Seite stellen.

4. Am Ende der Garzeit das Fleisch mit einer Gabel aus dem Gemüse heben und auf einem Brett in Scheiben schneiden.

5. Wenn der Eintopf zu dünnflüssig ist: nach Belieben das Mehl mit 3 Eßlöffeln Wasser anrühren, zum Gemüse geben, kurz aufkochen lassen und so binden. Den Tomaten-Bohnentopf mit der Petersilie bestreuen.
Dazu Salzkartoffeln servieren.

Im Bild vorne: Bunter Reistopf
Im Bild hinten: Tomaten-Bohnentopf

Curry-Fisch

Zutaten für 2 Personen:
500 g Fischfilet (Rotbarsch,
Kabeljau oder Seelachs)
Saft von 1 Zitrone · Salz
weißer Pfeffer, frisch gemahlen
Für die Sauce: 2 Zwiebeln
1 Apfel
30 g Margarine
1 Teel. Currypulver
75 ml Fleischbrühe (Instant) oder
Wasser
2 Eßl. Kondensmilch
1 Teel. Speisestärke

Würzig

Pro Portion etwa:
1600 kJ/380 kcal
45 g Eiweiß · 13 g Fett
18 g Kohlenhydrate

• Zubereitungszeit: 35 Minuten

1. Das Fischfilet unter fließen-
dem Wasser abspülen, mit
einem Küchentuch trockentupfen, auf einen Teller legen,
mit Zitronensaft beträufeln,
gut salzen und pfeffern. Fisch
in große Würfel schneiden
und abgedeckt ziehen lassen.

2. Für die Sauce Zwiebeln
schälen, abspülen und in
Scheiben schneiden. Den
Apfel waschen, schälen, vierteln, das Kerngehäuse entfernen und die Apfelviertel ebenfalls in Scheiben schneiden.

3. In einem Schmortopf das
Fett erhitzen, die Zwiebelscheiben hineingeben und bei
starker Hitze goldgelb anbra-

ten. Die Apfelscheiben dazugeben und etwa 3 Minuten
mitdünsten. Den Curry darü-
berstäuben, die Brühe oder
das Wasser dazugießen und
alles aufkochen lassen.

4. Die Kondensmilch mit der
Speisestärke verquirlen, in die
Sauce geben und damit binden. Anschließend die Fisch-
würfel in die Sauce geben
und darin in etwa 15 Minuten
bei schwacher Hitze gar ziehen lassen.
Mit Reis und einem grünen
Salat servieren.

Provenzali-sches Rot-barschfilet

Zutaten für 2 Personen:
400 g Rotbarschfilet
Saft von 1/2 Zitrone · Salz
1 mittelgroßer Zucchino
1 kleine Aubergine
1 Tomate
1/2 Gemüsezwiebel
je 1 rote und grüne Paprikaschote
1 Knoblauchzehe
2 Eßl. neutrales Pflanzenöl
weißer Pfeffer, frisch gemahlen
je 1 Prise getrockneter Rosmarin,
Thymian und Majoran

Raffiniert

Pro Portion etwa:
1600 kJ/380 kcal
43 g Eiweiß · 17 g Fett
15 g Kohlenhydrate

• Zubereitungszeit: 40 Minuten

1. Das Fischfilet abspülen, mit
dem Zitronensaft beträufeln
und gut salzen. Filet bis zur
Weiterverarbeitung abgedeckt
stehen lassen.

2. Das Gemüse waschen. Von
Zucchino und Aubergine Blü-
ten- und Stielansatz abschneiden. Zucchino und Aubergine
in etwa 1/2 cm dicke Scheiben
schneiden.

3. Tomate mit kochendheißem
Wasser überbrühen, häuten
und in Scheiben schneiden.
Stielansatz dabei entfernen.
Zwiebel schälen, in Scheiben
schneiden, Paprika waschen,
putzen und in Streifen schneiden. Knoblauch häuten.

4. Öl in einem großen Topf
erhitzen. Gemüse darin bei
starker Hitze nacheinander
anbraten, mit Salz, Pfeffer und
Rosmarin würzen, Knoblauch
dazudrücken, 200 ml Wasser
angießen und alles zugedeckt
etwa 5 Minuten bei schwa-
cher Hitze köcheln lassen.

5. Inzwischen das Filet in etwa
3 cm große Stücke schneiden,
zum Gemüse geben und in
weiteren 5 Minuten gar ziehen lassen. Kräftig mit Thymian, Majoran und Rosmarin
abschmecken.
Mit Butterreis oder Baguette
servieren.

Im Bild vorne:
Provenzalisches Rotbarschfilet
Im Bild hinten: Curry-Fisch

Frikadellen

Zutaten für 4 Personen:

1 Brötchen (vom Vortag)

1 mittelgroße Zwiebel

500 g gemischtes Hackfleisch

1 frisches Ei

1 Teel. Salz

1 Prise schwarzer Pfeffer, frisch gemahlen

1 große Prise Paprikapulver, edelsüß

1 Eßl. Fett

Preiswert

Pro Portion etwa:
1700 kJ/400 kcal
28 g Eiweiß · 29 g Fett
8 g Kohlenhydrate

• Zubereitungszeit: 25 Minuten

1. Brötchen mit heißem Wasser bedecken und einweichen lassen. Wenn sich das Brötchen vollgesogen hat, mit den Händen ausdrücken. Zwiebel schälen, abspülen und fein würfeln.

2. Brötchen, Zwiebelwürfel, Hackfleisch, Ei, Salz, Pfeffer und Paprikapulver in eine große Rührschüssel geben und mit den Knethaken des Handrührgerätes einen Fleischteig herstellen. Daraus mit feuchten Händen möglichst gleich große Frikadellen formen.

3. Fett in einer Pfanne erhitzen, die Frikadellen darin bei mittlerer Hitze von jeder Seite etwa 5 Minuten braten, bis sie braun werden. Zu Frikadellen paßt jedes Gemüse und Salzkartoffeln.

Variante:
Hackfleischbällchen mit Teufelssauce

Fleischteig wie angegeben herstellen. Daraus kleine Hackfleischbällchen formen und braten oder grillen. Für die Teufelssauce 1 Zwiebel schälen, abspülen und fein würfeln. In einer Rührschüssel mit 1 großen Flasche Ketchup, 1/4 Flasche Tabasco-Sauce, je 1 Eßlöffel Curry- und Paprikapulver, 1 Spritzer Maggiwürze, 1/2 Glas Mango-Chutney, Salz und Zucker verrühren. Sauce in ein oder mehrere Schüsselchen füllen, als Dip zu den warmen oder kalten Hackfleischbällchen servieren.

Schmorgurken

Zutaten für 2 Personen:

500 g Schmorgurken

75 g durchwachsener Speck (ohne Schwarte)

2 Zwiebeln

250 g frische Tomaten

1/2 Bund Dill

Salz

weißer Pfeffer, frisch gemahlen

Paprikapulver, edelsüß

3 Eßl. Sahne

1/2 Becher Magermilchjoghurt

1/2 Teel. Speisestärke

1 Teel. Zitronensaft

Gelingt leicht

Pro Portion etwa:
1600 kJ/380 kcal
9 g Eiweiß · 30 g Fett
18 g Kohlenhydrate

• Zubereitungszeit: 20 Minuten

1. Schmorgurken schälen, der Länge nach halbieren und die Kerne mit einem Löffel herauslösen. Die Gurkenhälften in dicke Stücke, Speck in Streifen schneiden. Zwiebeln schälen, abspülen und in Ringe schneiden. Tomaten waschen, vierteln, Stielansätze entfernen. Dill waschen, trockenschütteln, Blättchen abzupfen und fein hacken.

2. Speck und Zwiebeln in einer Pfanne bei mittlerer Hitze langsam ausbraten. Die Gurken dazugeben und zugedeckt etwa 15 Minuten dünsten lassen.

3. Dann die Tomaten unter die Gurken mischen und etwa 5 Minuten mitgaren. Das Gemüse salzen, pfeffern, mit Paprika abschmecken. Die Sahne darübergießen. Joghurt mit der Speisestärke verquirlen, über das Gemüse geben und damit binden. Dill mit dem Gemüse vermischen. Zum Schluß alles mit Zitronensaft abschmecken. Dazu schmecken Petersilienkartoffel oder gegarter Weizen und Frikadellen.

Im Bild vorne: Schmorgurken
Im Bild hinten: Frikadellen

Teheraner Reisschüssel

Ein Auflauf ist schnell zubereitet; und während das Essen gart, können Sie in aller Ruhe die Küche aufräumen, den Tisch decken und auch vorher einen Salat essen.

Zutaten für 4 Personen:
Salz
250 g Naturkornreis oder Langkornreis
2 mittelgroße Zwiebeln
3 Eßl. neutrales Pflanzenöl
400 g gemischtes Hackfleisch
1 große Dose Tomatenmark (140 g)
1 Teel. Currypulver
1 Teel. Paprikapulver, edelsüß
2 Bananen
Butterflöckchen
Für die Form: Butter oder Öl

Gelingt leicht

Pro Portion etwa:
2800 kJ/670 kcal
27 g Eiweiß · 34 g Fett
68 g Kohlenhydrate

- Zubereitungszeit:
  35 Minuten mit Naturreis
  20 Minuten mit Langkornreis

1. 2 l Wasser mit Salz aufkochen. Den Reis waschen, ins kochende Wasser geben, umrühren und bei schwächster Hitze den Naturreis etwa 35 Minuten, den Langkornreis etwa 20 Minuten quellen lassen. Reis in ein Sieb geben, mit kaltem Wasser abschrecken. Zwiebeln schälen, fein würfeln.

2. Das Öl in einer Pfanne erhitzen, Zwiebeln und das Hackfleisch darin bei starker Hitze anbraten, bis das Fleisch krümelig wird. Tomatenmark mit 5 Eßlöffeln Wasser verrühren, in die Pfanne geben, alles mit Curry, Paprika und Salz würzen. Einmal aufkochen, nochmals kräftig mit den Gewürzen abschmecken.

3. Den Backofen auf 225° (Umluft 200°) vorheizen. Bananen schälen und in Scheiben schneiden. Eine feuerfeste Form gut fetten. Reis und die Fleischsauce immer abwechselnd einschichten, bis beides aufgebraucht ist.

4. Obenauf die Bananenscheiben und Butterflöckchen legen. Den Auflauf offen im Backofen (Mitte) in etwa 20 Minuten knusprig überbacken.
Dazu paßt Blattsalat.

Ungarische Koteletts

Das beste daran ist die Sauce.

Zutaten für 2 Personen:

2 Zwiebeln
40 g Schinkenspeck (ohne Schwarte)
2 Nackenkoteletts vom Schwein
Salz
schwarzer Pfeffer, frisch gemahlen
250 g Buttermilch
1 Teel. Speisestärke
1 Eßl. Fett
1 Lorbeerblatt
1/2 Teel. Paprikapulver, edelsüß

Deftig

Pro Portion etwa:
2700 kJ/640 kcal
35 g Eiweiß · 50 g Fett
13 g Kohlenhydrate

• Zubereitungszeit: 25 Minuten

Tip!

Sehr gut schmeckt die Sauce auch, wenn Sie noch eine Knoblauchzehe häuten und vor dem Schmoren durch die Knoblauchpresse auf die Koteletts drücken.

1. Zwiebeln schälen, abspülen, fein würfeln. Den Schinkenspeck erst in Streifen, dann in Würfel schneiden. Die Koteletts waschen, mit einem Küchentuch trockentupfen, etwas flachklopfen und mit Salz und Pfeffer einreiben. Die Buttermilch mit der Speisestärke verrühren.

2. Das Fett in einer Pfanne erhitzen, die Koteletts darin von beiden Seiten bei mittlerer Hitze kräftig anbraten.

3. Dann die Zwiebelwürfel, den Schinkenspeck, das Lorbeerblatt zu den Koteletts geben, mit Paprika bestäuben und die angerührte Buttermilch darüber gießen.

4. Die Koteletts zugedeckt etwa 15 Minuten bei schwacher Hitze schmoren lassen. Mit Salzkartoffeln servieren.

Chinesische Reispfanne

Zutaten für 2 Personen:

Salz

125 g Langkornreis oder Naturreis

1 Eßl. Butter oder Margarine

250 g mageres Rinderhackfleisch

Chinagewürz

weißer Pfeffer, frisch gemahlen

2 rote Paprikaschoten

2 Stangen Lauch · 1 Eßl. Sojasauce

Fernöstlich

Pro Portion etwa:
2500 kJ/600 kcal
38 g Eiweiß · 24 g Fett
57 g Kohlenhydrate

• Zubereitungszeit:
25 Minuten mit Langkornreis
35 Minuten mit Naturreis

1. In einem Topf 2 l Wasser mit Salz aufkochen. Reis kurz waschen, ins kochende Wasser geben, umrühren und Langkornreis bei schwacher Hitze halbzugedeckt etwa 20 Minuten, Naturreis etwa 35 Minuten quellen lassen. Danach in ein Sieb geben, kurz abschrecken.

2. Während der Reis gart, in einer Pfanne oder einem Wok Fett erhitzen, das Hackfleisch darin bei mittlerer Hitze unter ständigem Rühren krümelig anbraten. Dabei mit Salz, Chinagewürz und Pfeffer kräftig würzen.

3. Paprika und Lauch waschen, putzen, Paprika in schmale Streifen, Lauch in feine Ringe schneiden.

4. Gemüse zum Fleisch geben, mischen. Mit Sojasauce und Pfeffer würzen, dann 5–7 Minuten bei mittlerer Hitze schmoren lassen. Zum Schluß den Reis dazugeben und kurz erhitzen.
Dazu paßt ein bunter Salat.

Huhn Kalkutta

Zutaten für 4 Personen:

1 Brathähnchen (800–900 g),

frisch oder tiefgekühlt, küchenfertig

vorbereitet · Salz

weißer Pfeffer, frisch gemahlen

Saft von 1 Zitrone

1 Teel. Ingwerpulver

3 Eßl. Butterschmalz oder neutrales

Pflanzenöl · 2 Orangen

1 Prise Zucker · 1 Teel. Currypulver

Muskatnuß, frisch gerieben

Mango Chutney nach Belieben

1 Eigelb · 250 g saure Sahne

Etwas aufwendiger

Pro Portion etwa:
2000 kJ/480 kcal
40 g Eiweiß · 29 g Fett
12 g Kohlenhydrate

• Zubereitungszeit: 15 Minuten
• Marinierzeit: 30 Minuten
• Garzeit: 30 Minuten

1. Tiefgekühltes Brathähnchen in einem Sieb über Nacht auftauen lassen. Abtauflüssigkeit wegschütten. Aufgetautes oder frisches Hähnchen gründlich säubern und waschen.

Das Hähnchen mit einem großen scharfen Messer oder einer Geflügelschere in vier Teile schneiden.

2. Die Teile salzen und pfeffern. Die Hälfte des Zitronensafts mit Ingwer verrühren, die Hähnchenteile damit beträufeln und etwa 30 Minuten marinieren lassen. Danach abtropfen lassen, Marinade dabei auffangen. Hähnchenteile gut trockentupfen.

3. Butterschmalz oder Öl in einer großen Pfanne erhitzen und die Hähnchenteile darin bei mittlerer Hitze anbraten, bis sie Farbe bekommen. Dann die Marinade und etwas Wasser hinzufügen. Die Hähnchenteile zugedeckt etwa 30 Minuten bei schwacher Hitze garen.

4. Inzwischen die Orangen schälen, in Spalten und dann in Stücke schneiden. Die Geflügelteile in eine Schüssel geben, warm halten. Den Bratensud in der Pfanne mit Zucker, restlichem Zitronensaft, Curry, Muskat, Mango Chutney nach Belieben und den Orangenstückchen bei starker Hitze aufkochen, dann vom Herd nehmen. Eigelb mit der sauren Sahne verrühren und die nicht mehr kochende Sauce damit binden. Sauce über die Hähnchenteile geben.
Mit Reis und Salat servieren.

Bild oben: Chinesische Reispfanne
Bild unten: Huhn Kalkutta

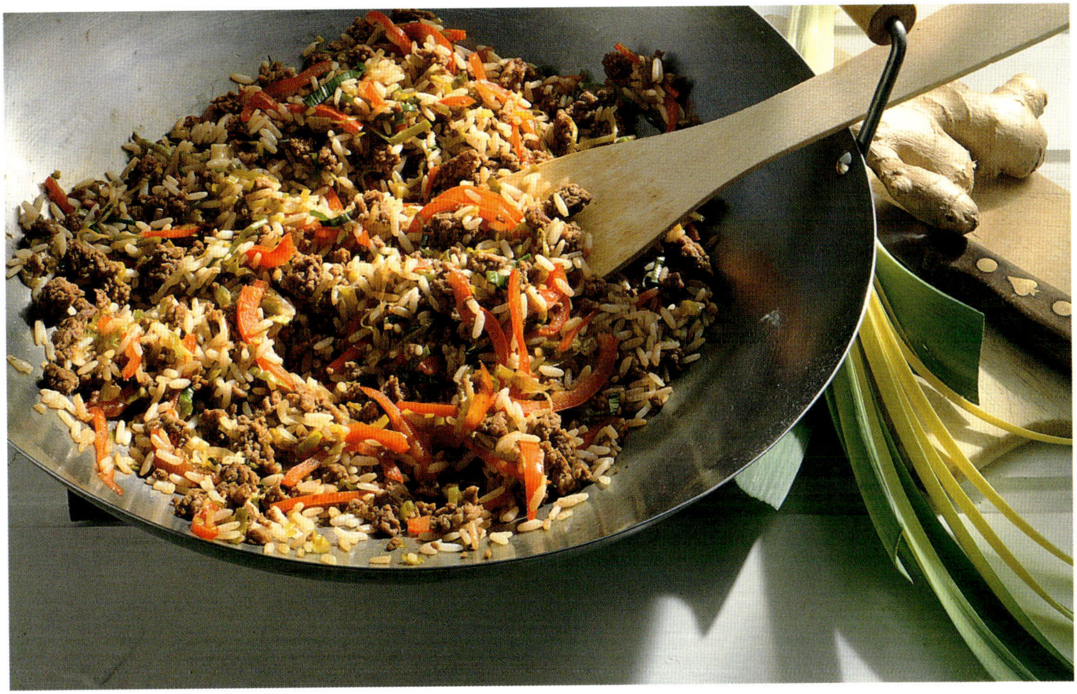

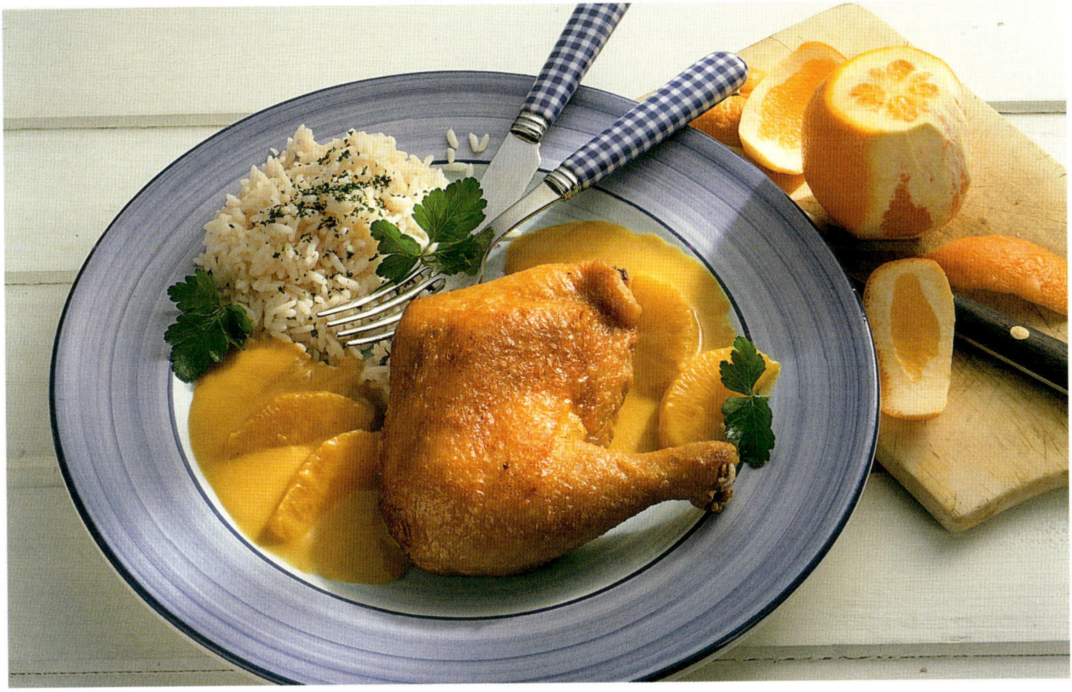

Katalanische Reispfanne

Zutaten für 2 Personen:

2 Zwiebeln

150 g Langkornreis

1/2 Bund Petersilie

1/2 l Fleischbrühe (Instant)

2 Eßl. neutrales Pflanzenöl

200 g gemischtes Hackfleisch

100 g Tatar

Salz

schwarzer Pfeffer, frisch gemahlen

1/2 Teel. Paprikapulver, edelsüß

1 kleine Dose Tomatenmark (40 g)

Preiswert

Pro Portion etwa:
2600 kJ/620 kcal
38 g Eiweiß · 24 g Fett
63 g Kohlenhydrate

• Zubereitungszeit: 40 Minuten

1. Zwiebeln schälen, abspülen, fein würfeln. Reis in einem
Sieb waschen. Petersilie
waschen, trockenschütteln,
Blättchen abzupfen und fein
hacken. Brühe erhitzen.

2. In einer großen Pfanne Öl
erhitzen, Zwiebeln hineingeben, kurz andünsten, Hackfleisch und Tatar dazugeben
und bei mittlerer Hitze unter
Rühren anbraten, bis sich am
Pfannenboden ein bräunlicher
»Pelz« bildet. Heiße Fleischbrühe dazugießen und alles
mit Salz, Pfeffer und Paprika
würzen. Reis mit dem Tomatenmark dazugeben und bei
schwacher Hitze etwa 25 Minuten quellen lassen. Die Reis-

pfanne noch einmal würzen,
mit Petersilie bestreuen und
servieren.

Bandnudelauf- lauf mit Spinat

Auch wenn Sie kein Spinatfan
sind, dieser Auflauf wird
Ihnen schmecken!

Zutaten für 4 Personen:

Salz

375 g Bandnudeln

2 Zwiebeln

1 Knoblauchzehe

175 g Räucherspeck (ohne
Schwarte)

200 g Emmentaler oder Greyerzer
Käse in Scheiben

1 Eßl. Butter oder Margarine

1 Packung tiefgekühlter Spinat
(300 g)

250 g saure Sahne

1 gehäufter Teel. Speisestärke

1 Prise Muskatnuß, frisch gerieben

1 Teel. Worcestersauce

Für die Form: Butter

Gelingt leicht

Pro Portion etwa:
4000 kJ/950 kcal
36 g Eiweiß · 58 g Fett
73 g Kohlenhydrate

• Zubereitungszeit: 30 Minuten

1. In einem großen Topf etwa
3 l Wasser mit Salz zum
Kochen bringen, die Nudeln
darin 6–8 Minuten (Garzeit
auf der Nudelpackung beach-
ten) bißfest kochen.

2. In der Zwischenzeit Zwiebeln schälen, abspülen und
fein würfeln. Knoblauchzehe
häuten und fein hacken. Räucherspeck erst in Scheiben,
dann in Streifen und anschließend in Würfel schneiden.
Käse in dünne Scheiben
schneiden.

3. Eine Auflaufform einfetten.
Nudeln abgießen, mit kaltem
Wasser abschrecken, abtropfen lassen. Butter oder Margarine in einer Pfanne erhitzen,
Speck hineingeben und bei
mittlerer Hitze darin auslassen. Zwiebeln und Knoblauch
dazugeben, kurz andünsten.
Den Spinat und 3 Eßlöffel
Wasser dazugeben. Spinat in
etwa 10 Minuten bei schwacher Hitze auftauen lassen.

4. Backofen auf 200° (Umluft
180°) vorheizen. Die saure
Sahne mit der Speisestärke
verquirlen, unter den Spinat
rühren und alles kurz aufkochen. Mit Salz, Muskat und
Worcestersauce ab-
schmecken.

5. Nudeln in die Auflaufform
geben, den Spinat darüberfül-
len, mit den Käsescheiben
belegen, etwa 10 Minuten im
Backofen (Mitte) überbacken,
sofort servieren.

Im Bild vorne:
Katalanische Reispfanne
Im Bild hinten:
Bandnudelauflauf mit Spinat

Kartoffelgratin

Zutaten für 2 Personen:
500 g festkochende Kartoffeln
1 Knoblauchzehe
Salz
1 Prise Muskatnuß, frisch gerieben
50 g Emmentaler Käse, frisch gerieben
100 g Sahne · Butterflöckchen
1 Eßl. Schnittlauchröllchen
Für die Form: Butter

Vegetarisch

Pro Portion etwa:
2200 kJ/520 kcal
13 g Eiweiß · 36 g Fett
37 g Kohlenhydrate

• Zubereitungszeit: 20 Minuten
• Garzeit: 45 Minuten

1. Kartoffeln schälen, waschen und in dünne Scheiben schneiden oder hobeln. Knoblauchzehe häuten und eine kleine feuerfeste Auflaufform damit ausreiben. Form anschließend einfetten.

2. Den Backofen auf 200° vorheizen. Die Hälfte der Kartoffelscheiben in die Form geben. Salzen, mit Muskat würzen und die Hälfte des Käses darüber streuen. Dann den Rest der Kartoffelscheiben einfüllen, wiederum salzen und mit dem restlichen Käse bestreuen. Alles mit Sahne übergießen und mit Butterflöckchen belegen.

3. Das Kartoffelgratin im Backofen (Mitte, Umluft 180°) in etwa 45 Minuten knusprig braun backen. Mit dem Schnittlauch bestreuen. Dazu paßt Blattsalat.

Putengeschnetzeltes

Zutaten für 2 Personen:
300 g Putenbrust
Saft von 1/2 Zitrone
100 ml Sherry, medium
3 Eßl. Sojasauce
1 Bund Suppengrün (1 kleine Stange Lauch, 1 Möhre, 1 Stück Sellerie)
1 Zwiebel
2–3 Eßl. neutrales Pflanzenöl
1 Teel. Currypulver
Salz
weißer Pfeffer, frisch gemahlen
150 ml Fleischbrühe (Instant)
2 Eßl. Crème fraîche

Läßt sich gut vorbereiten

Pro Portion etwa:
1700 kJ/400 kcal
39 g Eiweiß · 20 g Fett
9 g Kohlenhydrate

• Zubereitungszeit: 30 Minuten

1. Putenbrust waschen, trockentupfen und in Streifen schneiden. Mit Zitronensaft, Sherry und Sojasauce beträufeln und etwa 30 Minuten marinieren lassen.

2. Inzwischen Suppengrün putzen. Dazu die Lauchstange in schmale Ringe schneiden, gründlich waschen, abtropfen lassen. Die Möhre mit dem Sparschäler schälen, waschen, in Scheiben schneiden. Sellerie mit einem kleinen Küchenmesser schälen, waschen, in Scheiben, in Streifen, dann in Würfel schneiden. Anschließend die Zwiebel schälen, abspülen und fein würfeln.

3. Das Fleisch in einem Sieb abtropfen lassen, dabei die Marinade auffangen. In einer Pfanne 2 Eßlöffel Öl erhitzen, die Fleischstreifen darin bei starker Hitze scharf anbraten. Dann das Fleisch herausnehmen, auf einen Teller oder in ein Schälchen geben und mit Curry, Salz sowie Pfeffer würzen.

4. Eventuell noch 1 Eßlöffel Öl in die Pfanne geben, Suppengrün und Zwiebelwürfel im Bratfett bei mittlerer Hitze dünsten, bis die Zwiebeln glasig sind. Dann die Brühe und Marinade dazugießen und Gemüse zugedeckt etwa 5 Minuten dünsten. Fleisch zurück in die Pfanne geben und darin kurz aufwärmen, Crème fraîche daraufgeben. Das Geschnetzelte nach Belieben mit Sojasauce und Sherry abschmecken.
Dazu paßt Reis und Salat oder nur Baguette. Wer großen Hunger hat, serviert Kartoffelgratin dazu.

Im Bild vorne: Kartoffelgratin
Im Bild hinten: Putengeschnetzeltes

Italienisches Baguette

Zutaten für 2 Personen:

2 Baguette-Brötchen (250 g)

2 kleine Paprikaschoten

125 g Champignons (frisch oder aus der Dose)

250 g Tomaten (frisch oder aus der Dose)

150 g gekochter Schinken

1 Zwiebel

1 Eßl. neutrales Pflanzenöl

1/2 Teel. getrockneter Oregano

Salz · weißer Pfeffer, frisch gemahlen

150 g Emmentaler Käse, in Scheiben · 1 Eßl. Butter

Für das Backblech: Backpapier

Originell

Pro Portion etwa:
3900 kJ/930 kcal
51 g Eiweiß · 44 g Fett
81 g Kohlenhydrate

• Zubereitungszeit: 20 Minuten
• Backzeit: 20 Minuten

1. Brötchen längs so halbieren, daß die obere Hälfte etwas schmaler ist als die untere. Untere Hälfte aushöhlen. Paprikaschoten vierteln, Trennwände, Stielansätze und Kerne entfernen, Schoten waschen und in Streifen schneiden. Frische Pilze putzen, Köpfe mit einem Küchentuch vorsichtig abreiben, in Scheiben schneiden.

2. Frische Tomaten mit kochendheißem Wasser überbrühen, häuten. Tomaten würfeln, Stielansätze dabei entfernen. Tomaten aus der Dose in ein Sieb geben, Saft auffangen und anderweitig verwenden. Tomaten in Stückchen schneiden. Schinken in Würfel schneiden. Zwiebel schälen, abspülen, in Ringe schneiden.

3. Öl in einer Pfanne erhitzen. Zwiebelringe darin bei mittlerer Hitze glasig dünsten. Paprika, Pilze, Tomaten und Schinken dazugeben, mit Oregano, Salz und Pfeffer würzen. Unter Rühren bei mittlerer Hitze kochen, bis die Flüssigkeit verdampft ist. Backofen auf 200° (Umluft 180°) vorheizen.

4. Gemüse in die unteren Brötchenhälften füllen und mit Käsescheiben belegen. Backblech mit Backpapier auslegen, die gefüllten Brötchenhälften daraufgeben und etwa 15 Minuten (Mitte) backen, bis der Käse zerlaufen ist. Obere Brötchenhälften mit Butter bestreichen, auf die gefüllten Hälften legen und noch etwa 5 Minuten weiterbacken.

Champignon-Toast

Zutaten für 2 Personen:

250 g kleine frische Champignons

2 Eßl. Butter

4 Scheiben Toastbrot

150 g Thüringer Mett oder Schinkenmett

4 Scheiben Chester-Käse

Für das Backblech: Backpapier

Schnell

Pro Portion etwa:
2500 kJ/600 kcal
22 g Eiweiß · 49 g Fett
20 g Kohlenhydrate

• Zubereitungszeit: 15 Minuten

1. Champignons putzen und die Köpfe mit einem Küchentuch vorsichtig abreiben.

2. In einer Pfanne 1 Eßlöffel Butter erhitzen, die Champignons darin bei mittlerer Hitze andünsten, gelegentlich umrühren, bis die Flüssigkeit verdampft ist. Den Backofen auf 225° (Umluft 200°) vorheizen.

3. Brotscheiben toasten, mit der restlichen Butter bestreichen. Zuerst das Mett auf die Toastscheiben geben, dann die Champignons darauf füllen und zuletzt die Toastscheiben mit dem Käse belegen.

4. Backblech mit Backpapier belegen, die Champignon-Toasts darauf im Backofen (Mitte) etwa 5 Min. überbacken, bis der Käse Farbe bekommt.
Toasts zu einem kühlen Bier servieren.

Im Bild vorne: Champignon-Toast
Im Bild hinten:
Italienisches Baguette

Chinakohl-salat mit Schafkäse

Zutaten für 4–6 Personen:
500–750 g Chinakohl
Für die Marinade:1 Zwiebel
3 Eßl. neutrales Pflanzenöl
Salz
weißer Pfeffer, frisch gemahlen
je 1/2 Teel. Zitronenmelisse und
Pimpinelle, frisch oder getrocknet
1/2 Teel. Currypulver
1/2 Teel. Chinagewürz
200 g Crème fraîche
100 g milder Schafkäse

Erfrischend

Bei 6 Personen pro Portion
etwa:
930 kJ/220 kcal
5 g Eiweiß · 21 g Fett
3 g Kohlenhydrate

• Zubereitungszeit: 20 Minuten

1. Chinakohl putzen, auf
einem Brett mit einem scharfen Messer sehr fein schneiden, waschen und in einem
Sieb abtropfen lassen.

2. Für die Marinade Zwiebel
schälen, abspülen und in kleine Würfel schneiden. In einer
Schüssel Zwiebelwürfel, Öl,
Salz, Pfeffer, Zitronenmelisse,
Pimpinelle, Curry, Chinagewürz und Crème fraîche verrühren und mit dem China-
kohl vermengen.

3. Den Schafkäse zuerst in
Streifen, dann in Würfel

schneiden und vorsichtig unter
den Salat heben.

Geflügelsalat

Zutaten für 4 Personen:
3 Eier
250 g gekochtes Hühnerfleisch
(oder gegrilltes Hühnerfleisch vom
Vortag)
2 Scheiben Ananas (aus der Dose)
1 Apfel
Für die Mayonnaise:
1 Eigelb
1/2 Teel. Senf
1 Prise Salz
1 Prise Zucker
1 Eßl. Zitronensaft
6–8 Eßl. neutrales Pflanzenöl
150 g saure Sahne

Etwas teurer

Pro Portion etwa:
1500 kJ/360 kcal
21 g Eiweiß · 26 g Fett
8 g Kohlenhydrate

• Zubereitungszeit: 20 Minuten

1. Eier in einem kleinen Topf
mit Wasser bedeckt in etwa
7 Minuten hart kochen, abgießen, kalt abschrecken,
pellen und Eier in Scheiben
schneiden.

2. Das Hühnerfleisch in mundgerechte Stücke schneiden.
Ananasscheiben gut abtropfen lassen und in Stückchen
teilen. Apfel schälen, vierteln,
Kerngehäuse entfernen und
Apfel in Würfel schneiden.

3. Für die Mayonnaise in
einer schmalen, hohen Rührschüssel das Eigelb mit nur
einem Quirl des Handrühr-
gerätes auf schwächster Stufe
gut verrühren. Zu dem Eigelb
Senf, Salz, Zucker und Zitronensaft geben, gut vermi-
schen. Dann unter ständigem
Rühren tropfenweise das Öl
unterrühren, bis die Mayonnaise fest ist.

4. In einer großen Schüssel
Hühnerfleisch, Apfel, Ananas
und Eier vorsichtig vermengen. Mayonnaise mit saurer
Sahne aufschlagen und locker
unterheben.
Mit Toastbrot servieren.

Tip!

Bei der Zubereitung der
Mayonnaise sollten Eigelb
und Öl möglichst die glei-
che Temperatur haben,
da die Mayonnaise sonst
gerinnt. Sie können die
selbstgemachte Mayonnai-
se auch durch 3 Eßlöffel
Salatmayonnaise aus dem
Glas ersetzen.

Im Bild vorne: Chinakohlsalat
mit Schafkäse
Im Bild hinten: Geflügelsalat

Farmersalat

Zutaten für 2 Personen:

1 Dose Maiskörner (Abtropfgewicht
280 g)

1/4 Salatgurke

250 g frische Tomaten

1 Bund gemischte Kräuter (zum
Beispiel Petersilie, Dill, Schnittlauch
und Basilikum)

1 Eßl. Essig

2 Eßl. neutrales Pflanzenöl

Salz

weißer Pfeffer, frisch gemahlen

1 Prise Zucker

Erfrischend

Pro Portion etwa:
1100 kJ/260 kcal
7 g Eiweiß · 11 g Fett
38 g Kohlenhydrate

• Zubereitungszeit: 15 Minuten

1. Mais abtropfen lassen.
Gurke mit Schale waschen,
längs halbieren und in Scheiben schneiden. Die Tomaten
waschen, halbieren, Stielansätze herausschneiden, Tomaten in Achtel teilen. Kräuter
waschen (ein paar Stengel
Petersilie zum Garnieren aufbewahren) und kleinhacken.

2. Für die Marinade Essig,
Öl, Salz, Pfeffer, Zucker und
Kräuter vermengen. Mais,
Gurke sowie Tomaten hinein-
geben. Alles locker vermi-
schen, hübsch anrichten und
mit Petersilie garnieren.
Dazu knusprig gerösteten
Toast und Butter servieren.

Indischer Salat

Zutaten für 4 Personen:

Salz

125 g Langkornreis

125 g gekochtes Hühnerfleisch

125 g Lauch

1 Dose Mandarinen (Abtropfgewicht 180 g)

Für die Marinade:

2 Eßl. Mayonnaise (selbstgemacht,
Seite 36, oder Fertigprodukt)

150 g Joghurt, natur

2 Eßl. Zitronensaft

2 Eßl. Mango Chutney

Salz

weißer Pfeffer, frisch gemahlen

1 große Prise Currypulver

1 Teel. Sojasauce

Exotisch

Pro Portion etwa:
1100 kJ/260 kcal
12 g Eiweiß · 8 g Fett
33 g Kohlenhydrate

• Zubereitungszeit: 25 Minuten

1. In einem Topf etwa 1 1/2 l
Wasser mit Salz zum Kochen
bringen. Reis waschen, ins
kochende Wasser geben und
etwa 20 Minuten bei schwacher Hitze quellen lassen.

2. Inzwischen das Hühnerfleisch in mundgerechte
Stücke schneiden. Lauch putzen, längs aufschneiden,
gründlich waschen, in feine
Ringe schneiden. Mandarinen
in einem Sieb abtropfen lassen.

3. Für die Marinade Mayonnaise, Joghurt, Zitronensaft,

Mango Chutney, Salz, Pfeffer,
Curry und Sojasauce vermengen. Reis in ein Sieb geben,
mit kaltem Wasser abspülen,
abtropfen lassen.

4. Hühnerfleisch, Lauch, Reis
und Mandarinen in einer
Schüssel leicht vermischen,
die Marinade darübergeben,
alles vorsichtig vermengen
und mit Salz abschmecken.
Zum Salat Toast servieren.

Tip!

Huhn selber kochen: Dazu
ein ausgenommenes Sup-
penhuhn waschen und in
1 l Wasser mit 1/2 Teelöffel Salz bei starker Hitze
zum Kochen bringen.
Dann bei schwacher Hitze
in 1 – 1 1/2 Stunden gar
kochen, im Schnellkoch-
topf ist das Huhn in 20 Minuten gar. Suppengrün
(2 Möhren, 1 Stange
Lauch, 1 Stück Sellerie)
putzen, waschen, klein-
schneiden und nach der
Hälfte der Garzeit zum
Huhn geben. Wenn das
Huhn fertig ist, aus der
Brühe nehmen, Haut und
Knochen entfernen, Fleisch
kleinschneiden. Brühe mit
gegarten Nudeln und
Champignons aus der
Dose servieren.

Im Bild oben: Farmersalat
Im Bild unten: Indischer Salat

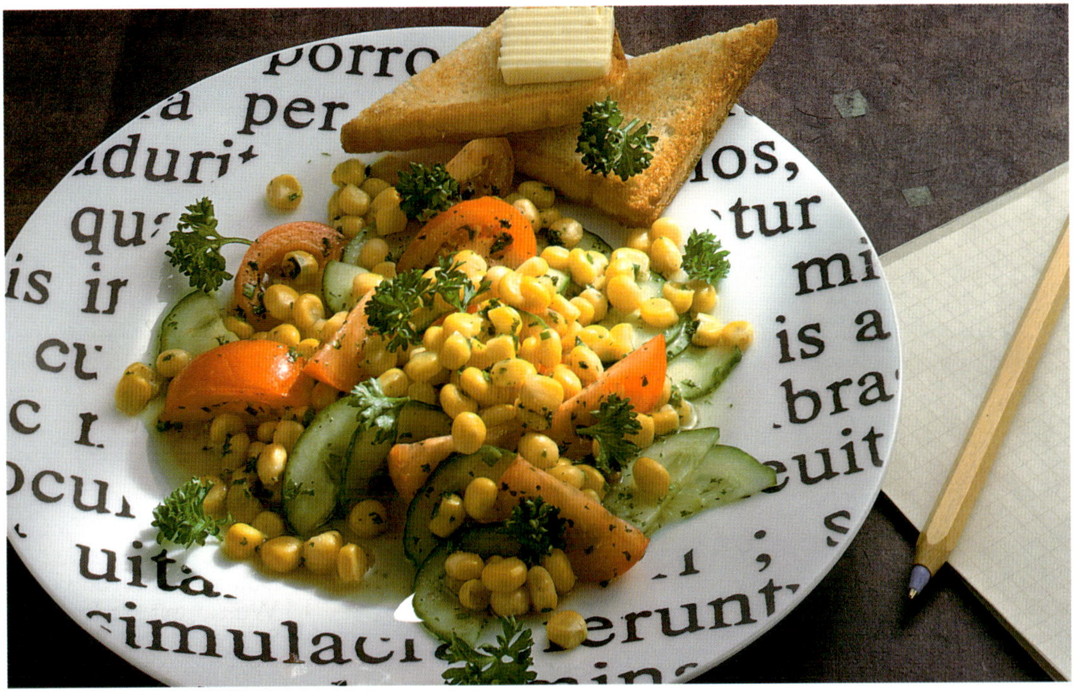

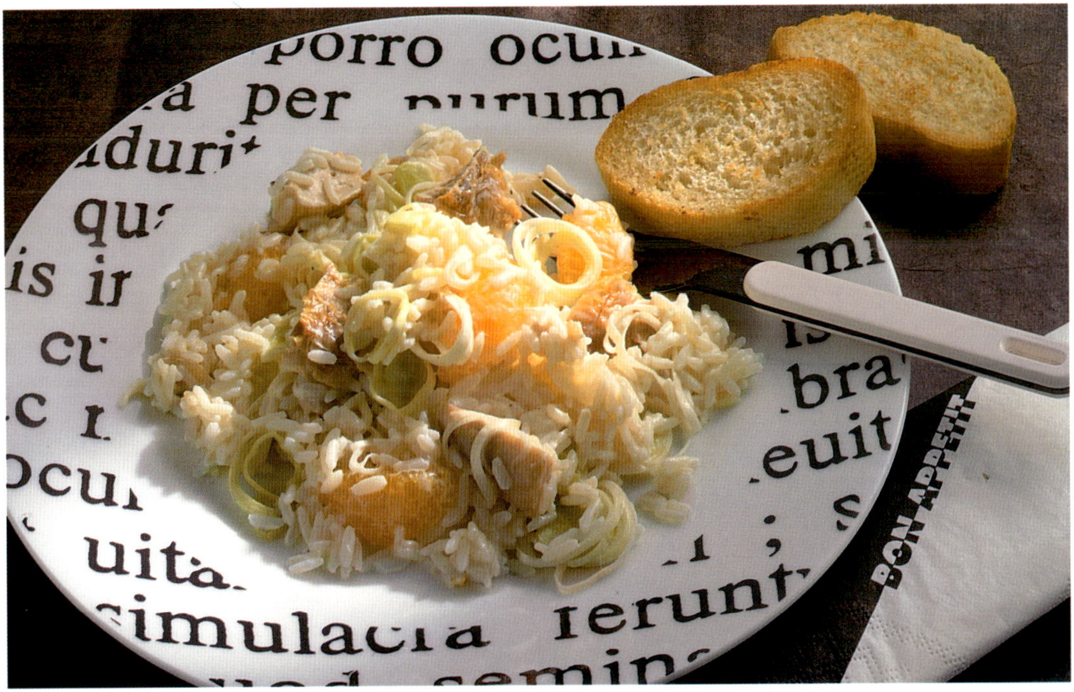
BON APPETIT

Grünkern- suppe

Zutaten für 8 Personen:

2 l Gemüsebrühe (Instant)

200 g Grünkern, fein gemahlen (Reformhaus)

1 1/2 Bund Kräuter (zum Beispiel Petersilie, Dill, Schnittlauch)

2 Eigelb

300 g saure Sahne

4 Eßl. trockener Weißwein

60 g Butter

Vollwertig

Pro Portion etwa:
880 kJ/210 kcal
5 g Eiweiß · 12 g Fett
10 g Kohlenhydrate

● Zubereitungszeit: 15 Minuten

1. Brühe zum Kochen bringen. Den fein gemahlenen Grünkern (beim Kauf gleich mahlen lassen), in die Brühe rühren, aufkochen, Herdplatte ausschalten und den Grünkern etwa 10 Minuten ohne Hitzezufuhr quellen lassen.

2. Inzwischen Kräuter waschen, von der Petersilie und dem Dill die Blättchen abzupfen, fein hacken, Schnittlauch mit einem Messer oder einer Schere in Röllchen schneiden.

3. Wenn der Grünkern gequollen ist, Eigelbe, Sahne und Wein verrühren und in die Suppe geben, alles gut vermischen. Kurz vor dem

Servieren Butter und Kräuter in die Suppe geben.
Mit aufgebackenem Roggenbaguette und Weißwein servieren.

Chili con carne

Toll für die Party, weil es sich gut vorbereiten läßt.

Zutaten für 8 Personen:

500 g Tomaten

4 grüne Paprikaschoten

2 große Dosen Kidney-Bohnen (Abtropfgewicht je 800 g)

4 Knoblauchzehen

500 g Zwiebeln

2 Eßl. neutrales Pflanzenöl

500 g gemischtes Hackfleisch

500 g Tatar

2 Teel. Salz

1 Teel. Kümmel

1 Teel. Chilipulver

1 große Dose Tomatenmark (140 g)

1/2 l Fleischbrühe (Instant)

2 Eßl. Speisestärke

2 Eßl. gehackte Petersilie

Spezialität aus Mexiko

Pro Portion etwa:
2700 kJ/640 kcal
49 g Eiweiß · 18 g Fett
66 g Kohlenhydrate

● Zubereitungszeit: 25 Minuten

1. Tomaten gründlich waschen und auf einem Schneidebrett mit einem scharfen Messer oder Tomatenmesser in große Würfel schneiden. Stielansätze dabei entfernen. Ist die Haut der Tomaten

sehr fest, Tomaten zuerst mit kochendheißem Wasser überbrühen und die Haut abziehen.

2. Paprikaschoten vierteln, Stielansätze, Trennwände und Kerne entfernen, Paprika waschen und ebenfalls grob würfeln. Die Bohnen aus der Dose in ein Sieb geben und abtropfen lassen. Knoblauchzehen häuten. Zwiebeln schälen, abspülen und in Scheiben schneiden.

3. Öl in einem Topf erhitzen, Zwiebelscheiben darin bei starker Hitze andünsten, das Hackfleisch und Tatar dazugeben und unter Rühren krümelig anbraten.

4. Knoblauch durch eine Knoblauchpresse dazudrükken, alles mit Salz, Kümmel und Chilipulver würzen. Tomatenmark hinzufügen, mit Brühe auffüllen und zum Kochen bringen. Dann Tomaten und Paprikaschoten zum Fleisch geben. Das Ganze nochmals würzen und etwa 5 Minuten bei mittlerer Hitze garen. Die Bohnen dazugeben und etwa 5 Minuten mit erwärmen. Die Speisestärke mit 4 Eßlöffeln Wasser verrühren und das Chili con carne damit binden. Aufkochen lassen, abschmecken, nach Belieben nachwürzen. Mit der Petersilie bestreuen

Im Bild vorne: Grünkernsuppe
Im Bild hinten: Chili con carne

Mitternachts-suppe »Onkel Jo«

Zutaten für 8 Personen:

250 g Salami

500 g Gemüsezwiebeln

500 g grüne Paprikaschoten

2 Knoblauchzehen

2 Eßl. neutrales Pflanzenöl

500 g gemischtes Hackfleisch

1 große (140 g) und eine kleine

(40 g) Dose Tomatenmark

1/2 l Fleisch- oder Gemüsebrühe

(Instant) · 1/2 l Rotwein

2 Dosen Kidney-Bohnen (Abtropf-

gewicht je 800 g)

Salz

2 Prisen Zucker · Chilipulver

Paprikapulver, edelsüß

Gelingt leicht

Pro Portion etwa:
3100 kJ/740 kcal
42 g Eiweiß · 27 g Fett
66 g Kohlenhydrate

• Zubereitungszeit: 30 Minuten

1. Salami in Würfel schneiden. Zwiebeln schälen, abspülen, halbieren und in Scheiben schneiden. Paprika putzen, waschen und in Streifen schneiden. Knoblauchzehen häuten, fein würfeln.

2. Öl in einem Topf erhitzen. Das Hackfleisch darin bei starker Hitze unter Rühren krümelig anbraten. Salami, Gemüsezwiebeln, Knoblauch und Paprikastreifen hinzufügen und kurz mitschmoren.

3. Das Tomatenmark unterrühren, die Brühe und den Rotwein dazugießen, alles aufkochen und 8–10 Minuten bei schwacher Hitze garen lassen. Die Bohnen in die Suppe geben und darin etwa 5 Minuten erwärmen. Mitternachtssuppe mit Salz, Zucker, Chili- und Paprikapulver abschmecken.
Dazu schmeckt Baguette.

Gefülltes Weißbrot

Zutaten für 6–8 Personen:

6 Eier · 400 g frische Champignons

je 2 Bund Petersilie und Schnittlauch

4 Zwiebeln

2 rote Paprikaschoten

2 Knoblauchzehen

400 g Gouda-Käse

400 g Frischrahmkäse · Salz

weißer Pfeffer, frisch gemahlen

getrockneter Oregano

2 kleine runde Weißbrote, von

10–15 cm Ø

Raffiniert

Bei 8 Personen pro Portion etwa:
2000 kJ/490 kcal
25 g Eiweiß · 34 g Fett
20 g Kohlenhydrate

• Zubereitungszeit: 40 Minuten

1. Eier in einem kleinen Topf mit Wasser bedeckt in etwa 9 Minuten hart kochen. Dann abschrecken, pellen, Eier auskühlen lassen. Anschließend halbieren, Eigelbe herauslösen, Eiweiß hacken.

2. Champignons putzen, Köpfe vorsichtig mit einem Küchentuch abreiben und halbieren. Petersilie waschen, trockenschütteln, Blättchen abzupfen und fein hacken. Schnittlauch waschen, in kleine Röllchen schneiden.

3. Zwiebeln schälen, abspülen, fein würfeln. Paprika putzen, waschen und ebenfalls würfeln. Knoblauchzehen häuten und fein würfeln. Gouda-Käse reiben.

4. Backofen auf 225° (Umluft 200°) vorheizen. Eigelbe mit einer Gabel zerdrücken, mit dem Frischkäse verrühren, mit den Pilzen, Kräutern, Zwiebeln, Knoblauch, Paprika und geriebenem Käse mischen. Mit Salz, Pfeffer und Oregano abschmecken.

5. Weißbrote quer halbieren, etwas aushöhlen, mit der Käsemasse füllen und wieder zusammensetzen. Dann fest in Alufolie einwickeln, auf den Backrost setzen und im Backofen (Mitte) 20–30 Minuten backen. Die Brote herausnehmen und vor dem Anschneiden noch etwa 10 Minuten ruhen lassen, damit die Füllung stocken kann und sich die Brote besser in Scheiben schneiden lassen.

Bild oben: Mitternachtssuppe
»Onkel Jo«
Bild unten: Gefülltes Weißbrot

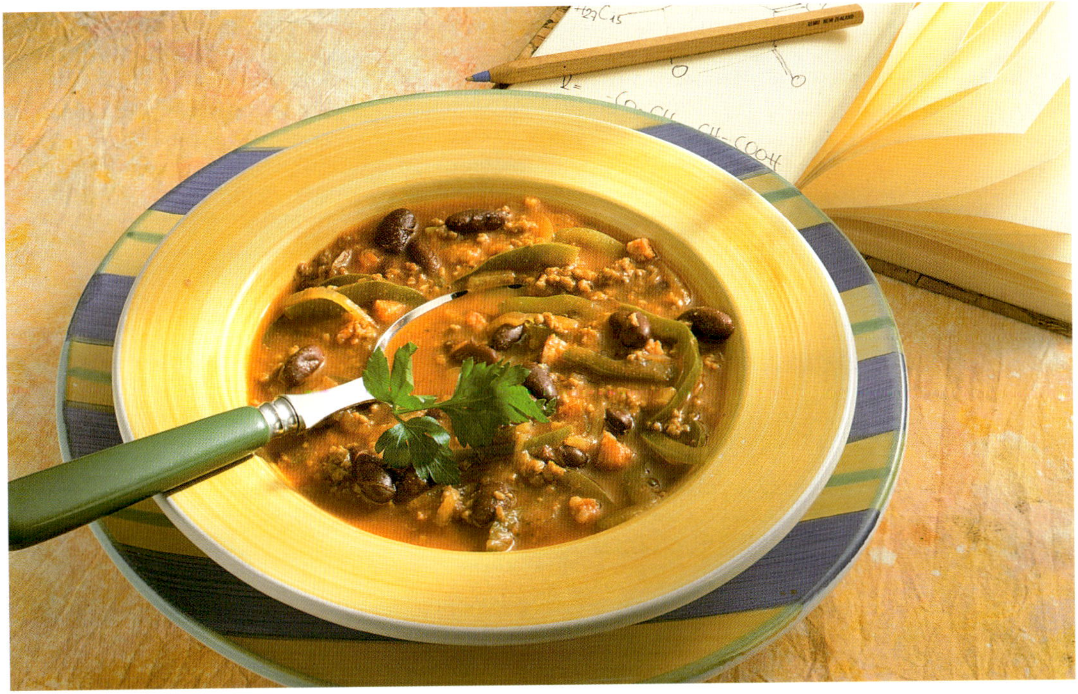

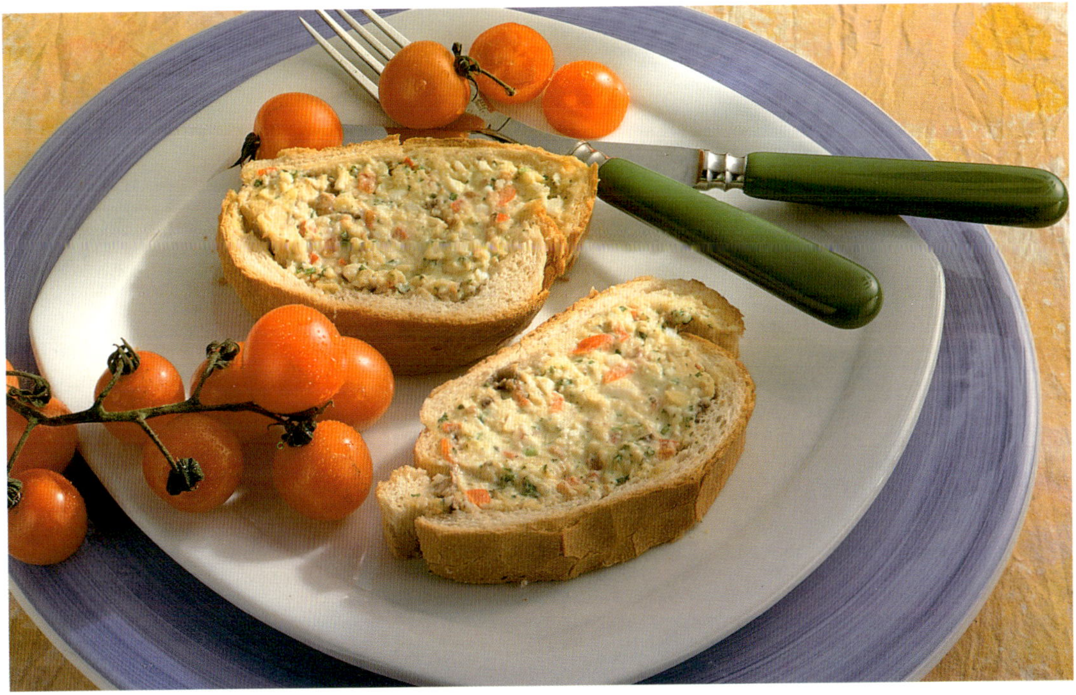

Pizza mit Guß

Zutaten für ein Backblech:
Für den Teig: 400 g Mehl
1/2 Teel. Zucker
1/2 Würfel frische Hefe (21 g)
80 g Butter oder Margarine
1 Teel. Salz
Für den Belag:
250 g frische Champignons
7 frische Tomaten
250 g gekochter Schinken
Für den Guß: 75 g Sahne
75 g Mayonnaise · 2 frische Eier
200 g Käse, frisch gerieben
Für das Backblech: Butter
Außerdem:
1 Plastik-Rührschüssel mit Deckel
von 3 l Inhalt

Gelingt leicht

Bei 16 Stück pro Stück etwa:
1100 kJ/260 kcal
10 g Eiweiß · 15 gFett
23 Kohlenhydrate

- Zubereitungszeit: 40 Minuten
- Backzeit: 35 Minuten

1. In einem kleinen Topf 3/8 l Wasser lauwarm erwärmen. Mehl in die Schüssel geben. Auf eine Seite der Rührschüssel Zucker geben, daneben die Hefe zerbröckeln, daneben Butterflöckchen und Salz geben.

2. Mit den Knethaken des Handrührgerätes das Wasser mit der Hefe durchrühren. Dann mit dem Zucker, der Butter, dem Salz und Mehl durchkneten, bis sich der Teig vom Rand löst.

3. Den Deckel auf die Rührschüssel setzen und fest verschließen. Ein Abwaschbecken etwa zur Hälfte mit heißem Wasser füllen, die Schüssel hineinsetzen und 10–15 Minuten darin stehenlassen.

4. Während der Teig geht, Champignons putzen, in Scheiben schneiden. Die Tomaten mit kochendheißem Wasser überbrühen, häuten, Stielansätze entfernen, Tomaten in Scheiben schneiden. Den Schinken erst in Streifen, dann in Würfel schneiden. Für den Guß Sahne, Mayonnaise, Eier und Käse verrühren. Backofen auf 225° (Umluft 200°) vorheizen. Backblech einfetten.

5. Der Hefeteig ist fertig, wenn er nach der angegebenen Zeit aufgegangen ist und dadurch der Deckel von der Schüssel abspringt oder sich etwas nach oben wölbt. Teig nochmals durchrühren, auf das Backblech streichen.

6. Tomaten, Champignons und Käse auf dem Teig verteilen. Den Guß gleichmäßig darüber gießen. Pizza im Backofen (Mitte) etwa 35 Minuten backen.

Variante:
Vollkornpizza
Aus 280 ml Buttermilch, 30 g Hefe, 4 Eßlöffeln neutralem Pflanzenöl, je 1 gestrichenen Teelöffel Kümmel und Kräutersalz sowie 1/2 Teelöffel gemahlenem Koriander, 250 g frischem gemahlenem Weizen und 150 g frischem gemahlenem Roggen (beide Mehlsorten aus dem Reformhaus) einen Teig kneten, mit einem Tuch bedeckt 30–35 Minuten gehen lassen. Auf einem gefetteten Blech ausrollen, nochmals 10 Minuten gehen lassen und mit je 1 roten und grünen Paprika, 7 Tomaten, 1 mittelgroßen Zucchino und 250 g Champignons, alle geputzt, gewaschen und in Scheiben geschnitten, belegen. Salzen, pfeffern und mit einem Guß aus 150 g geriebenem Käse, 250 g Sahne, 3 Eiern, 1 Bund gehackter Petersilie, je 1/2 Teelöffel getrocknetem Thymian und Salbei, 1/2 Teelöffel Pfeffersauce, 1 kleinen feingehackten Zwiebel und 1/2 Teelöffel Kräutersalz gleichmäßig übergießen. Wie angegeben etwa 30 Minuten backen.

Tip!

Sie können auch andere Zutaten Ihrer Wahl auf dem Pizzateig verteilen, wie Champignons aus der Dose, Mettwurst, Dosentomaten, Mozzarella oder auch Ananas.

Lockerer Boden und ein pikanter Belag: Pizza mit Guß wird Ihre Gäste begeistern.

Zwiebel-kuchen

Schmeckt zu Federweißem, dem ersten jungen Wein.

Zutaten für ein Backblech:
Für den Teig:
150 g Magerquark
5 Eßl. Milch · 1 Ei
6 Eßl. neutrales Pflanzenöl
1 große Prise Salz
300 g Mehl
1 Päckchen Backpulver
Für den Belag:
1 kg Gemüsezwiebeln
30 g Schweineschmalz
125 g saure Sahne
2 Eier
1/2 Teel. Salz
1 große Prise schwarzer Pfeffer, frisch gemahlen
1/2 Teel. Kümmel, ganz
100 g Edamer Käse, frisch gerieben
100 g Schinkenspeck (ohne Schwarte)

Etwas aufwendiger

Bei 16 Stück pro Stück etwa:
950 kJ/230 kcal
7 g Eiweiß · 13 g Fett
20 g Kohlenhydrate

- Zubereitungszeit: 40 Minuten
- Backzeit: 30 Minuten

1. Für den Teig den Quark, die Milch, das Ei, 4 Eßlöffel Öl und das Salz in einer Rührschüssel mit den Knethaken des Handrührgerätes verrühren. Das Mehl und Backpulver unterkneten. Sollte der Teig zu klebrig sein, noch etwas Mehl unterkneten. Teig etwa 30 Minuten kalt stellen.

2. Inzwischen für den Belag die Zwiebeln schälen, abspülen, halbieren und in Scheiben schneiden.

3. Das Schmalz in einer großen Pfanne erhitzen und die Zwiebeln darin bei starker Hitze in etwa 15 Minuten glasig dünsten, vom Herd nehmen. Sollte die Pfanne nicht alle Zwiebeln auf einmal fassen, so können sie auch in zwei Portionen nacheinander angedünstet werden.

4. Während die Zwiebeln dünsten, die saure Sahne, Eier, Salz, Pfeffer, den Kümmel und den geriebenen Käse miteinander verquirlen. Den Schinkenspeck fein würfeln und beiseite stellen.

5. Backofen auf 225° (Umluft 200°) vorheizen. Das Backblech mit dem restlichen Öl leicht fetten. Den Teig darauf dünn ausrollen oder von der Mitte des Blechs aus mit bemehlten Händen gleichmäßig auswellen. Den Teig einige Male mit einer Gabel einstechen.

6. Zwiebeln auf dem Teig verteilen und glattstreichen. Käse-Sahne-Eier-Mischung gleichmäßig darüber verteilen und den Schinkenspeck darüber streuen. Den Zwiebelkuchen im Backofen (Mitte) etwa 30 Minuten backen, aufschneiden und heiß servieren.

Tip!

Zwiebelkuchen ist ein ideales Gästeessen und läßt sich gut vorbereiten. Teig und Belag können vorzeitig zubereitet und im Kühlschrank aufbewahrt werden. Kurz bevor die Gäste kommen, muß man dann nur noch den Teig auf dem Blech ausrollen und den Belag daraufgeben.

Sie geben eine Party? Zwiebelkuchen ist ideal, wenn viele Gäste zu bewirten sind.

Lasagne mit Hackfleisch

Zutaten für 8 Personen:

4 Eßl. neutrales Pflanzenöl

400 g gemischtes Hackfleisch

1 Teel. getrockneter Thymian

Salz · weißer Pfeffer, frisch gemahlen

2 große Dosen Tomaten (Abtropfgewicht je 480 g)

20 g Margarine

40 g Mehl

1/2 l Weißwein

300 g Gouda- oder Emmentaler Käse

500 g Lasagne-Blätter (ohne Vorkochen)

Für die Form: Butter

Spezialität aus Italien

Pro Portion etwa:
2700 kJ/640 kcal
30 g Eiweiß · 29 g Fett
54 g Kohlenhydrate

- Zubereitungszeit: 20 Minuten
- Backzeit: 40 Minuten

1. In einem Topf Öl erhitzen und das Hackfleisch darin unter Rühren bei mittlerer Hitze krümelig anbraten. Dann Thymian, Salz, Pfeffer und Dosentomaten mit dem Saft hinzufügen und in 15–20 Minuten offen bei schwacher Hitze dick einkochen lassen.

2. Für die helle Sauce Margarine in einem Topf zerlassen, Mehl dazugeben und bei mittlerer Hitze unter Rühren darin anschwitzen. Sobald die Mehlschwitze Blasen wirft, langsam mit dem Wein auffüllen und etwa 2 Minuten bei schwacher Hitze köcheln lassen, mit Salz würzen. Den Käse reiben.

3. Eine große Auflaufform einfetten. Zunächst etwas helle Sauce einfüllen. Dann abwechselnd je 3 Lasagne-Blätter nebeneinander, ein paar Eßlöffel Hackfleischsauce und dann etwas helle Sauce einschichten und jeweils mit etwas Käse bestreuen. Den Vorgang wiederholen, bis die Lasagne-Blätter und Saucen verbraucht sind. Die letzte Nudelschicht soll mit heller Sauce und Käse bedeckt sein.

4. Die Lasagne in den kalten Backofen schieben und dann bei 200° (Mitte, Umluft 180°) etwa 40 Minuten backen. Mit Salat zu Bier oder Weißwein servieren.

Tzatziki

Zutaten für 8 – 10 Personen:

1 Salatgurke (etwa 300 g)

Salz

3–4 Knoblauchzehen

1 Eßl. Zitronenmelisse, frisch oder getrocknet, oder 1 Bund frischer Dill

200 g Sahnejoghurt

500 g Quark (20% i.Tr.)

5 Eßl. neutrales Pflanzenöl

weißer Pfeffer, frisch gemahlen

Spezialität aus Griechenland

Bei 10 Personen pro Portion etwa:
560 kJ/130 kcal
7 g Eiweiß · 9 g Fett
4 g Kohlenhydrate

- Zubereitungszeit: 15 Minuten

1. Gurke mit dem Sparschäler schälen und längs halbieren. Kerne mit einem Teelöffel herauskratzen und die Gurke auf der Vierkantreibe grob raspeln. Gurkenraspeln mit 1 Teelöffel Salz bestreuen und etwa 10 Minuten stehen lassen.

2. Knoblauch häuten und sehr fein hacken oder durch die Knoblauchpresse drücken. Frische Melisse oder frischen Dill waschen, trockenschütteln und Blättchen fein hacken.

3. Joghurt mit Quark und Öl verrühren. Gurkenraspel gut ausdrücken, mit dem Knoblauch untermischen und mit Salz und Pfeffer abschmecken. Melisse oder Dill unterrühren und Tzatziki mit Roggenbaguette servieren.

Im Bild vorne: Tzatziki
Im Bild hinten:
Lasagne mit Hackfleisch

Erdbeercreme

Kann am Vortag zubereitet werden.

Zutaten für 6 Personen:

1 Packung tiefgekühlte Erdbeeren (300 g) oder 300 g frische Erdbeeren

1/2 unbehandelte Zitrone

7 Blatt Gelatine

2 Magermilch-Joghurt

80 g Zucker

250 g Sahne

Erfrischend

Pro Portion etwa:
960 kJ/230 kcal
6 g Eiweiß · 14 g Fett
21 g Kohlenhydrate

• Zubereitungszeit: 15 Minuten
• Gelierzeit: 2 Stunden 20 Minuten

1. Tiefgekühlte Erdbeeren in einer Schüssel auftauen lassen. Frische Erdbeeren putzen und waschen, abtropfen lassen. Zum Garnieren ein paar schöne Erdbeeren beiseite stellen. Restliche Früchte mit einer Gabel zerdrücken.

2. Die Zitrone gründlich waschen, abtrocknen. Dann die Schale auf der Vierkantreibe abreiben und den Saft auspressen.

3. Gelatineblätter in einer Rührschüssel mit kaltem Wasser bedeckt etwa 4 Minuten lang einweichen. Dann die Blätter aus dem Einweichwasser nehmen, ausdrücken, gleich in einen kleinen Topf geben und bei schwacher Hitze auflösen. Nicht kochen, sonst geht die Gelierkraft verloren.

4. Die zerdrückten Erdbeeren mit Joghurt, Zucker, Zitronensaft und abgeriebener Zitronenschale verrühren, Gelatine tropfenweise unter Rühren dazugeben. Diese Masse abgedeckt in den Kühlschrank stellen.

5. Sahne steif schlagen. Wenn die kalt gestellte Erdbeermasse nach 10–20 Minuten anfängt fest zu werden, geschlagene Sahne unterziehen. Die Erdbeercreme dann in eine Glasschüssel füllen und etwa 2 Stunden kühl stellen.

Orangen-körbchen

Zutaten für 2 Personen:

2 Orangen

1 Eigelb

1 Eßl. Zucker

1 Eßl. Rum

1/2 Banane

2–3 Walnußkerne

3–4 Weintrauben

1 Eßl. Schokolade, gerieben

125 g Sahne

Zum Garnieren: Orangenstücke, Bananenscheiben und geriebene Schokolade

Braucht etwas Zeit

Pro Portion etwa:
2100 kJ/500 kcal
8 g Eiweiß · 34 g Fett
39 g Kohlenhydrate

• Zubereitungszeit: 30 Minuten

1. Von den Orangen jeweils einen Deckel abschneiden, das Fruchtfleisch aus den Orangen herauslösen und so beide Früchte aushöhlen. Fruchtfleisch in ein Sieb geben, damit der Saft abtropft. Aus den Deckeln kleine Henkel schneiden, die später auf die Körbchen gesetzt werden.

2. Eigelb mit Zucker und Rum schaumig rühren. Orangenfruchtfleisch kleinschneiden, Banane in Scheiben schneiden, Nüsse kleinhacken, Weintrauben halbieren. Alles mit der Schokolade unter die Eigelbmasse rühren, Sahne steif schlagen, unterheben.

3. Dieses Gemisch in die ausgehöhlten Orangen füllen, mit Früchten und Schokolade nach Phantasie verzieren. Henkel auf die Körbchen setzen und servieren.

Im Bild vorne: Orangenkörbchen
Im Bild hinten: Erdbeercreme

Alabama Creme

Zutaten für 3 Personen:

75 g Schokolade

1/2 Zitrone

200 g Sahne

250 g Magerquark

3 Eßl. Zucker

1 Päckchen Vanillezucker

50 g geriebene Haselnüsse

Nach Belieben: 250 g frische oder tiefgekühlte Früchte (zum Beispiel Himbeeren, Sauerkirschen, Orangen, Kiwis, Erdbeeren)

Schnell

Pro Portion etwa:
2500 kJ/600 kcal
18 g Eiweiß · 39 g Fett
42 g Kohlenhydrate

• Zubereitungszeit: 10 Minuten

1. Schokolade auf der Vierkantreibe reiben. Zitrone auspressen. Sahne steif schlagen und beiseite stellen.

2. In einer Rührschüssel Quark, Zucker, Vanillezucker, Zitronensaft, geriebene Haselnüsse und geriebene Schokolade mit den Quirlen des Handrührgerätes gut verrühren. Dann die steif geschlagene Sahne und nach Belieben frische oder aufgetaute Früchte kleinschneiden und unterheben. Die Alabama Creme in Schälchen füllen.

Quarkpfann- kuchen

Schmeckt am besten direkt aus der Pfanne.

Zutaten für 3 Personen:

200 g Mehl

1 Msp. Backpulver

1/4 l Milch · 250 g Magerquark

3 Eier · Salz

1 Teel. Zimt

etwa 2 Eßl. Zucker

100 g Butterschmalz

oder 150 ml neutrales Pflanzenöl

Schnell

Pro Portion etwa:
2500 kJ/600 kcal
26 g Eiweiß · 26 g Fett
67 g Kohlenhydrate

• Zubereitungszeit: 15 Minuten

1. Mehl und Backpulver mit Milch und Quark in einer Rührschüssel mit den Quirlen des Handrührgerätes zu einem glatten Teig verrühren. Eier nach und nach darunterschlagen. Den Teig salzen und etwa 10 Minuten stehenlassen. Zimt und Zucker miteinander vermischen.

2. Trockene Pfanne heiß werden lassen. Dann 1 Teelöffel Butterschmalz in der Pfanne bei mittlerer Hitze schmelzen oder 1 Eßlöffel Öl darin erhitzen. Für vier kleine Pfannkuchen jeweils 1–2 Eßlöffel Teig hineingeben, glattstreichen und die vier Pfannkuchen von beiden Seiten in

insgesamt etwa 4 Minuten hellbraun braten. Aus dem restlichen Teig Pfannkuchen ebenso zubereiten

3. Quarkpfannkuchen mit Zimtzucker bestreuen und sofort zu Apfelmus oder Blaubeerkompott servieren.

Variante:
Eierpfannkuchen
Für 4–5 Eierpfannkuchen 150 g Mehl, 1 Prise Salz, 3–4 Eier und etwa 1/4 l Milch zu einem glatten Teig verrühren. Teig etwa 10 Minuten ruhen lassen. 1 Teelöffel Butterschmalz oder 1 Eßlöffel Öl in einer heißen Pfanne erhitzen, 1–2 Eßlöffel Pfannkuchenteig hineingeben, dünn verteilen und in insgesamt etwa 4 Minuten bei schwacher bis mittlerer Hitze auf beiden Seiten goldgelb braten. Pfannkuchen mit Hilfe eines Topfdeckels oder Spatel wenden. Restliche Pfannkuchen ebenso zubereiten. Diese Eierpfannkuchen lassen sich beliebig abwandeln, zum Beispiel zu Apfelpfannkuchen. Dafür 3 große Äpfel schälen, die Kerngehäuse ausstechen und die Äpfel in dünne Scheiben schneiden. Die Apfelscheiben portionsweise ins heiße Fett geben, jeweils eine dünne Schicht Pfannkuchenteig darüber geben und Apfelpfannkuchen wie angegeben von beiden Seiten goldgelb braten. Dann mit Zucker und Zimt bestreuen.

Im Bild vorne: Alabama Creme
Im Bild hinten: Quarkpfannkuchen

Tiramisu

Zutaten für 6–8 Personen:

2 ganz frische Eier

100 g Zucker

1 unbehandelte Zitrone

300 g Mascarpone (italienischer
Doppelrahm-Frischkäse)

1 Prise Salz

200 ml frisch gekochter starker
Espresso (oder Instant)

3 Eßl. Amaretto (Mandellikör)

2 Eßl. Cointreau (oder Rum oder
Cognac)

150 g Löffelbiskuits

2 Eßl. ungesüßtes Kakaopulver

Spezialität aus Italien

Bei 8 Personen pro Portion
etwa:
1400 kJ/330 kcal
5 g Eiweiß · 20 g Fett
31 g Kohlenhydrate

- Zubereitungszeit: 40 Minuten
- Kühlzeit: mindestens
  12 Stunden

1. Die Eier trennen. Eigelbe und 50 g Zucker mit den Quirlen des Handrührgerätes hellschaumig rühren.

2. Mascarpone zur Eiercreme in die Schüssel geben. Zitrone heiß waschen, gut trockentupfen. Von der Hälfte der Zitrone die Schale auf einer Vierkantreibe in die Schüssel reiben und unter den Mascarpone und die Eiercreme rühren.

3. Das Eiweiß mit dem Salz schlagen, bis es schnittfest ist, 1 Eßlöffel Zucker einrieseln lassen und kurz weiterschlagen. Das Eiweiß vorsichtig unter die Mascarponemasse ziehen.

4. Espresso mit 3 Eßlöffeln Zucker süßen und mit dem Amaretto sowie Cointreau aromatisieren.

5. Etwa die Hälfte der Löffel-biskuits auf den Boden einer eckigen oder rechteckigen Schüssel legen. Die Hälfte der Kaffee-Flüssigkeit mit einem Eßlöffel gleichmäßig über die Biskuits träufeln und danach die Hälfte der Creme darüber-streichen.

6. Die restlichen Biskuits mit dem restlichen Kaffee beträu-feln und auf die Creme legen.

7. Die Biskuits mit der rest-lichen Creme bedecken, die Creme glattstreichen und das Tiramisu zugedeckt minde-stens 12 Stunden in den Kühl-schrank stellen.

8. Vor dem Servieren die Oberfläche des Tiramisu dick mit Kakaopulver besieben.

Eierlikör-kuchen

Der Teig für diesen Kuchen ist genau richtig, wenn er eine dickflüssige Konsistenz hat.

Zutaten für eine kleine Kasten-kuchenform von 19 cm Länge:

125 g Puderzucker

1 Päckchen Vanillezucker

2 große Eier · 1/8 l Eierlikör

1/8 l neutrales Pflanzenöl

60 g Mehl

1/2 Päckchen Backpulver

60 g Speisestärke

Für die Form: Butter und Paniermehl

Gelingt leicht

Bei 8 Stücken pro Stück etwa:
1400 kJ/320 kcal
2 g Eiweiß · 18 g Fett
15 g Kohlenhydrate

- Zubereitungszeit: 10 Minuten
- Backzeit: 55 Minuten

1. Backofen auf 175° vorheizen. In einer Rührschüssel Puderzucker, Vanillezucker, Eier, Eierlikör und Öl mit den Quirlen des Handrührgerätes schaumig rühren.

2. Das Mehl mit dem Backpulver und der Speisestärke mischen und mit der Eier-Öl-Mischung verrühren.

3. Die Kastenform mit Butter einfetten, mit etwas Paniermehl ausstreuen, damit sich der Kuchen später leichter aus der Form löst. Teig in die Form füllen.

4. Den Kuchen im Backofen (unten, Umluft 150°) in etwa 55 Minuten goldbraun backen. Dann herausnehmen, entweder in der Form auskühlen lassen.

Tip!

In einer gut verschlossenen Dose oder einem verschlossenen Topf hält sich der Kuchen mehrere Tage lang frisch.

Dunkle Linzer Torte

Für die Advents- und Weihnachtszeit!

Zutaten für eine Springform von 19 cm Ø:

140 g Mehl · 60 g Zucker

80 g kalte Butter

60 g gemahlene Haselnüsse

2 Eigelb

1/2 Teel. gemahlener Zimt

1 Prise gemahlene Nelken

2 Eßl. Rum

1 Teel. Schokolade, gerieben

2 Eßl. rote Marmelade (zum Beispiel Himbeere, Preiselbeere oder Johannisbeere)

Für die Form: Butter

Gelingt leicht

Bei 6 Stück pro Stück etwa:
1400 kJ/330 kcal
4 g Eiweiß · 20 g Fett
32 g Kohlenhydrate

- Zubereitungszeit: 20 Minuten
- Ruhezeit: 30 Minuten
- Backzeit: 35 Minuten

1. Mehl, Zucker, Butter, Nüsse, 1 Eigelb, Zimt, Nelken, Rum und Schokolade in eine Rührschüssel geben und dann mit den Knethaken des Handrührgerätes daraus einen Mürbeteig herstellen. Den Teig in Klarsichtfolie wickeln und etwa 30 Minuten im Kühlschrank ruhen lassen.

2. Backofen auf 225° vorheizen. Form fetten. Zwei Drittel des Teiges hineinlegen und mit bemehlten Händen darin auswellen, einen etwa 1 cm hohen Rand formen. Marmelade auf dem Teig verteilen. Den restlichen Teig entweder ausrollen, in etwa 1 cm breite Streifen schneiden oder Teig zu kleinen Röllchen formen. Streifen oder Röllchen gitterförmig über die Marmelade legen.

3. Restliches Eigelb verquirlen und das Teiggitter damit bepinseln. Linzer Torte im Backofen (Mitte, Umluft 200°) etwa 35 Minuten backen, in der Form abkühlen lassen.

Im Bild vorne: Dunkle Linzer Torte
Im Bild hinten: Eierlikörkuchen

Zuckerkuchen

Zutaten für ein Backblech:

Für den Teig:

500 g Mehl · 3/8 l Milch

4 Eßl. Zucker

1 Päckchen Vanillezucker

1 Würfel frische Hefe (42 g)

125 g Butter oder Margarine

1 frisches Ei

1 große Prise Salz

Schale von 1/2 unbehandelten

Zitrone

Für den Belag:

etwa 125 g Butter

150 g Zucker

Für das Backblech: Butter

Außerdem: 1 Plastik-Rührschüssel

mit Deckel von etwa 3 l Inhalt

Gelingt leicht

Bei 16 Stück pro Stück etwa:
1300 kJ/310 kcal
4 g Eiweiß · 15 g Fett
39 g Kohlenhydrate

- Zubereitungszeit: 10 Minuten
- Gehen des Hefeteiges:
  15 – 25 Minuten
- Backzeit: 12 – 15 Minuten

1. Mehl in die Rührschüssel geben. Milch in einem kleinen Topf erwärmen, aber nicht heiß werden lassen, da sonst die Hefepilze absterben und der Teig nicht locker aufgeht. Zucker und Vanillezucker auf eine Seite in die Rührschüssel geben. Daneben die Hefe zerbröckeln, daneben Butter- oder Margarineflöckchen, das Ei, Salz und die abgeriebene Zitronenschale geben.

2. Angewärmte Milch in die Rührschüssel gießen und mit den Knethaken des Handrührgerätes zuerst die Milch mit Hefe, Zucker und Vanillezucker verrühren, dann mit den Butter- oder Margarineflöckchen, dem Ei, Salz und Zitronenschale sowie dem Mehl durchkneten, bis sich der Teig vom Rand der Rührschüssel löst.

3. Den Deckel auf die Rührschüssel setzen und fest verschließen. Ein Abwaschbecken etwa zur Hälfte mit heißem Wasser füllen, die Schüssel mit dem Teig hineinsetzen und etwa 15 – 25 Minuten darin stehenlassen.

4. In der Zwischenzeit das Backblech einfetten. Backofen auf 225° (Umluft 200°) vorheizen. Der Hefeteig ist fertig, wenn er nach der angegebenen Zeit aufgegangen ist und dadurch der Deckel von der Schüssel abspringt oder sich wölbt. Den Teig nochmals durchrühren und auf das Backblech streichen.

5. Den Teig dicht mit Butterflöckchen belegen und mit Zucker bestreuen. Den Zuckerkuchen im Backofen (Mitte) in 12 – 15 Minuten goldgelb backen. Anschließend 5 – 10 Minuten auskühlen lassen, aufschneiden und zum Kaffee servieren.

Tips!

Noch lockerer wird der Zuckerkuchen, wenn Sie den Teig mit dem Belag auf dem Blech nochmals etwa 15 Minuten gehen lassen und er sich dabei noch mehr aufbläht.
Als Belag können Sie auch je etwa 2 kg Äpfel, Pflaumen oder Zwetschgen nehmen.
Aus 200 g Mehl, 100 g Zucker, 1 gestrichenen Teelöffel Zimtpulver und 125 g geschmolzener Butter oder Margarine Streusel herstellen, über die Früchte geben und den Kuchen etwa 35 Minuten bei angegebener Temperatur backen.

Zuckerkuchen schmeckt wie alle Hefekuchen am besten ganz frisch.

Apfel unter der Decke

Zutaten für eine Auflaufform:
3 Scheiben tiefgekühlter Blätterteig
2 Eßl. brauner Zucker
4 mittelgroße säuerliche Äpfel
(Boskop) · Saft von 1 Zitrone
1 Prise gemahlener Zimt
2 Eßl. Mandelstifte
2 Eßl. Rosinen · 1 frisches Ei
Für die Form: weiche Butter und
1 Eßl. Paniermehl

Preiswert

Bei 6 Personen pro Portion
etwa:
720 kJ/170 kcal
3 g Eiweiß · 8 g Fett
23 g Kohlenhydrate

• Zubereitungszeit: 15 Minuten
• Backzeit: 25 Minuten

1. Die Blätterteigscheiben auf
einem Teller auftauen lassen.
Inzwischen die Auflaufform
dick mit Butter ausstreichen,
mit Paniermehl und 1 Eßlöffel
braunem Zucker ausstreuen.
Äpfel mit dem Sparschäler
schälen, längs halbieren,
Kerngehäuse entfernen, Apfel-
hälften mit Zitronensaft beträufeln. Dann mit der Wölbung
nach oben in die Form legen
und mit dem restlichen
Zucker, dem Zimt, den Man-
deln und Rosinen bestreuen.

2. Backofen auf 225° (Umluft
200°) vorheizen. Blätterteigscheiben einzeln leicht ausrollen, mehrfach einstechen und

überlappend so auf die Äpfel
legen, daß sie bedeckt sind.
Das Ei verquirlen, den Blätterteig damit bestreichen. Im
Backofen (Mitte) in etwa 25
Minuten goldbraun backen.
Heiß mit Vanillesauce oder
halbsteif geschlagener Sahne
servieren.

Kirschkuchen mit Quark

Zutaten für ein Backblech:
Für den Teig: 100 g Speisestärke
250 g Mehl · 1 frisches Ei
70 g Zucker · 200 g Margarine
Für den Belag:
500–750 g entsteinte Sauer-
kirschen (2 große Gläser)
3/4 l Milch
100 g Speisestärke
750 g Magerquark · 3 Eigelb
Schale von 1 unbehandelten
Zitrone
150 g Zucker
2 Päckchen Vanillezucker
4 Eiweiß · 2 Eßl. Zitronensaft
3 Eßl. Kondensmilch

Etwas aufwendiger

Bei 24 Stücken pro Stück etwa:
1000 kJ/240 kcal
8 g Eiweiß · 9 g Fett
34 g Kohlenhydrate

• Zubereitungszeit: 30 Minuten
• Backzeit: 35 Minuten

1. Backofen auf 200° (Umluft
180°) vorheizen. In einer
Rührschüssel für den Teig aus
Speisestärke, Mehl, Ei, Zucker

und Margarine einen Mürbeteig kneten, auf einem unge-
fetteten Backblech ausrollen.
Teig im Backofen (Mitte)
15–20 Minuten vorbacken.

2. Für den Belag die Sauerkirschen im Sieb abtropfen
lassen, Saft auffangen und
anderweitig verwenden.

3. Milch und Speisestärke in
einen großen Topf geben,
unter Rühren aufkochen, bis
ein Brei entsteht. Temperatur
auf schwache Hitze herunter-
schalten. Quark, 2 Eigelbe,
Zitronenschale, 25 g Zucker
und den Vanillezucker in den
Topf geben und bei starker
Hitze aufkochen lassen, vom
Herd nehmen.

4. Eiweiße steif schlagen,
dann restlichen Zucker und
Zitronensaft unterschlagen
und unter die Quarkmasse
geben.

5. Den Mürbeteig aus dem
Backofen nehmen, Sauerkirschen gleichmäßig auf dem
Teig verteilen, die Quarkmasse darüber streichen. Restliches Eigelb und Kondens-
milch verrühren und auf der
Quarkmasse verstreichen.
Noch etwa 15 Minuten
weiterbacken.

Im Bild vorne:
Apfel unter der Decke
Im Bild hinten:
Kirschkuchen mit Quark

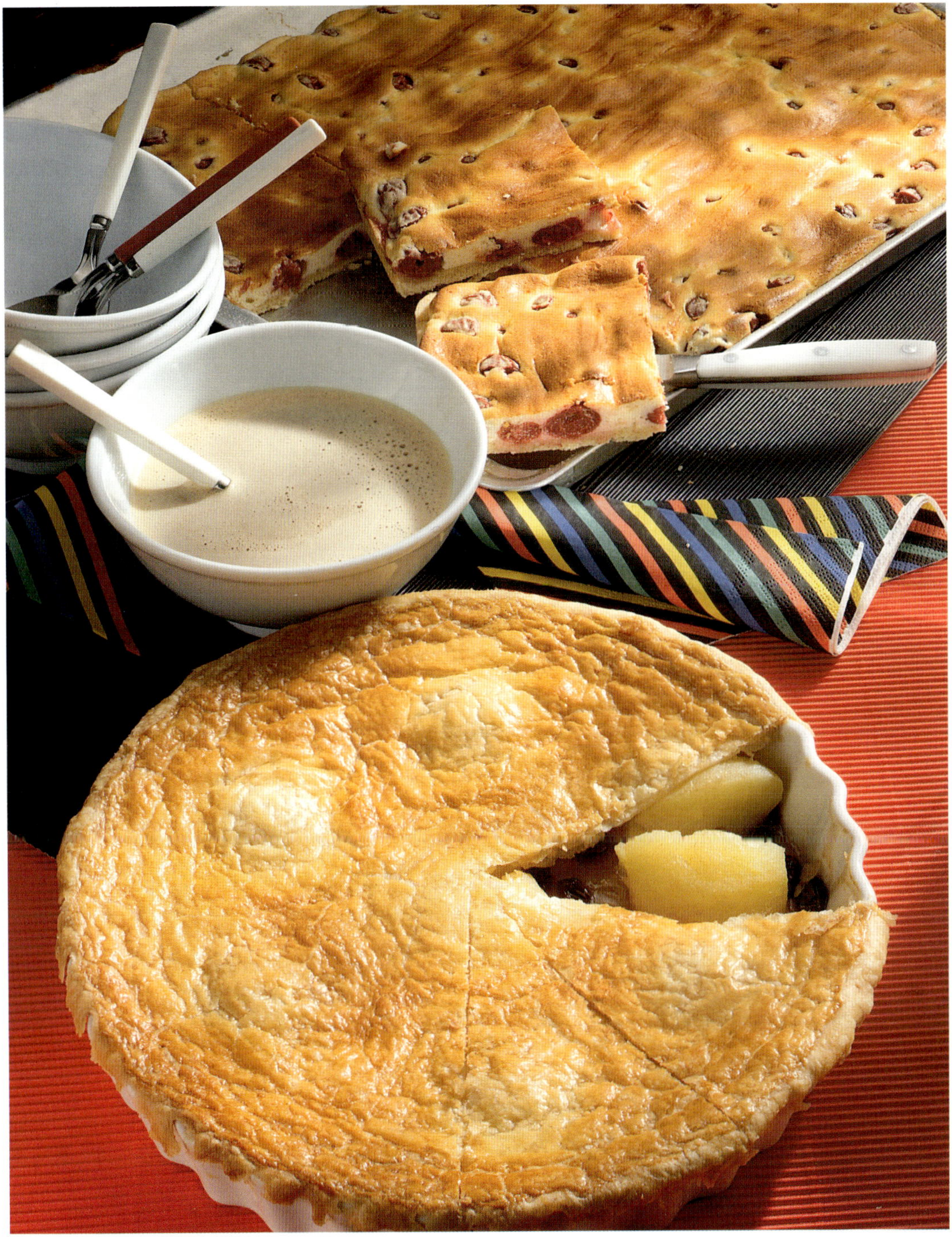

REZEPT- UND SACHREGISTER

Zum Gebrauch

Damit Sie Rezepte mit bestimmten Zutaten noch schneller finden können, stehen in diesem Register zusätzlich auch beliebte Zutaten wie Nudeln und Tomaten – ebenfalls alphabetisch geordnet und halbfett gedruckt – über den entsprechenden Rezepten.

IMPRESSUM

Auf der Umschlag-Vorderseite sehen Sie »Italienisches Baguette«. Das Rezept dazu finden Sie auf Seite 34.

Das Original mit Garantie

IHRE MEINUNG IST UNS WICHTIG.
Deshalb möchten wir Ihre Kritik, gerne aber auch Ihr Lob erfahren, um als führender Ratgeberverlag für Sie noch besser zu werden. Darum: Schreiben Sie uns! Wir freuen uns auf Ihre Post und wünschen Ihnen viel Spaß mit Ihrem GU-Ratgeber.

UNSERE GARANTIE: Sollte ein GU-Ratgeber einmal einen Fehler enthalten, schicken Sie uns bitte das Buch mit einem kleinen Hinweis und der Quittung innerhalb von sechs Monaten nach dem Kauf zurück. Wir tauschen Ihnen den GU-Ratgeber gegen einen anderen zum gleichen oder ähnlichen Thema um.

Ihr Gräfe und Unzer Verlag
Redaktion Kochen
Postfach 86 03 25
81630 München
Fax: 089/41981-113
e-mail: leserservice@graefe-und-unzer.de

Redaktion: Petra Bachmann, Christine Wehling
Layout: Ludwig Kaiser
Herstellung: BuchHaus Robert Gigler GmbH
Produktion: Helmut Giersberg
Fotos: Odette Teubner
Umschlaggestaltung: Heinz Kraxenberger
Reproduktion: Fotolito Longo
Druck und Bindung: Kaufmann, Lahr
ISBN 3-7742-2388-2

Auflage 5.
Jahr   2000

Doris Dewitz,
gebürtige Königsbergerin, lebt und arbeitet in Nienburg. Schon früh entdeckte sie ihre Leidenschaft für das Kochen und gab ihre Kenntnisse als Hauswirtschaftslehrerin an ihre SchülerInnen weiter. In den Genuß neuer Koch- und Backrezepte läßt sie heute zunächst ihre Familie kommen, bevor sie als Dozentin die so erprobten Gerichte in zahlreichen Kursen an der VHS interessierten Teilnehmern vermittelt. Die in diesem Buch vorgestellten Rezepte hat die Autorin ihren Kindern ins Studentenleben mitgegeben.

Odette Teubner
wurde durch ihren Vater, den international bekannten Food-Fotografen Christian Teubner, ausgebildet. Heute arbeitet sie ausschließlich im Studio für Lebensmittelfotografie Teubner. In ihrer Freizeit ist sie begeisterte Kinderporträtistin – mit dem eigenen Sohn als Modell.